Jacob Baal-Teshuva

MARK ROTHKO

1903–1970

Bilder als Dramen

TASCHEN

KÖLN LONDON LOS ANGELES MADRID PARIS TOKYO

Um sich über Neuerscheinungen von TASCHEN zu informieren,
fordern Sie bitte unser Magazin unter www.taschen.com an, oder schreiben Sie an
TASCHEN, Hohenzollernring 53, D–50672 Köln, Fax: +49-221-254919.
Wir schicken Ihnen gerne ein kostenloses Exemplar
mit Informationen über alle unsere Bücher.

© 2003 TASCHEN GmbH
Hohenzollernring 53, D–50672 Köln
www.taschen.com

Redaktion: Gimlet & Partner
Übersetzung: Bettina Blumenberg, München
Lektorat: Bettina Ruhrberg, Düsseldorf
Design: Catinka Keul, Köln
Produktion: Ute Wachendorf, Köln

Printed in Germany
ISBN 3–8228–1818–6

Inhalt

6
„Bilder als Dramen"

18
Von Russland nach Portland in Oregon und New York

30
Marcus Rothkowitz wird Mark Rothko
Mythologie und Surrealismus

44
Multiforms – Der Weg zu den „klassischen" Gemälden

60
Rothkos *Murals* und das Aufkommen der Pop-Art

72
Die *Rothko Chapel* und der *Rothko Room* in der Tate Gallery

82
Rothkos Tod und Vermächtnis

92
Chronologie

„Bilder als Dramen"

Mark Rothko (1903–1970) gehört zu einer Generation amerikanischer Künstler, die das Wesen und die Gestalt der abstrakten Malerei von Grund auf veränderten. Seine bahnbrechende Vision einer erneuerten Malerei zeigte sich in seiner stilistischen Entwicklung vom Figurativen zu einer abstrakten Bildsprache, die wesentlich auf einer aktiven Betrachter-Bild-Beziehung basierte. Rothko selbst charakterisierte diese Beziehung als „eine vollkommene Erfahrung zwischen Bild und Betrachter". Seine Farbformationen ziehen den Betrachter hinein in ihre von einem inneren Licht erfüllten Räume. Rothko wehrte sich stets gegen Interpretationen seiner Bilder. Für ihn stand das Erlebnis des Betrachters, die sinnliche Verschmelzung von Werk und Rezipient jenseits sprachlicher Fassbarkeit, im Vordergrund: „Es kann noch so viele Anmerkungen geben, sie können unsere Gemälde nicht erklären. Ihre Erklärung muss aus einem tiefen Erlebnis zwischen Bild und Betrachter erwachsen. Die Würdigung von Kunst ist eine echte Hochzeit der Sinne. Und wie in der Ehe ist auch in der Kunst fehlender Vollzug Grund zur Annullierung."

Rothko war ein Intellektueller, ein Denker, ein sehr gebildeter Mann. Er liebte Musik und Literatur und interessierte sich für Philosophie, besonders für die Schriften Nietzsches und die griechische Mythologie. Nach Aussagen seiner Freunde war er ein recht schwieriger, zutiefst ruheloser und reizbarer Mensch. Trotz seiner Ungeduld konnte er aber auch voller Hingabe und Zuneigung sein. Rothko war einer der Protagonisten jener Gruppe amerikanischer Maler, die als „Abstrakte Expressionisten" bezeichnet werden. Diese Gruppierung, die sich im New York der Nachkriegszeit während der Depressionsjahre gebildet hatte, wurde auch unter dem Namen „New York School" bekannt. Es war das erste Mal in der Geschichte der Kunst, dass eine Gruppe amerikanischer Künstler als Bewegung von internationaler Bedeutung anerkannt wurde. Viele ihrer Mitglieder, darunter auch Rothko, wurden zu legendären Gestalten.

Nachdem die Entwicklung der modernen Kunst seit dem Ende des 19. Jahrhunderts von Europa und insbesondere von Paris dominiert worden war, übernahm nun die amerikanische Malerei für Jahrzehnte die führende Rolle in der Welt. Ihren vollen nationalen und bald auch internationalen Durchbruch erreichte die New York School 1952 mit der Ausstellung „Fifteen Americans" im Museum of Modern Art. Als Werke des Abstrakten Expressionismus Ende der 50er Jahre zu Wanderausstellungen in die großen europäischen Museen

No. 13 (White, Red on Yellow), 1958
Öl auf Leinwand, 242,2 x 206,7 cm
New York, The Metropolitan Museum of Art,
Gift of The Mark Rothko Foundation, Inc., 1985

Untitled, 1956
Öl auf Leinwand, 124,5 x 78,7 cm
Privatbesitz, Courtesy Knoedler Gallery, New York

geschickt wurden, war das Interesse an den Arbeiten groß. Es war ein Triumph für eine neue Kunstbewegung, die nun von Kunstkritikern und Sammlern in der ganzen Welt akzeptiert wurde. Der Abstrakte Expressionismus wurde als neu, frisch und ohne jedes Vorbild angesehen.

Mit dem Begriff Abstrakter Expressionismus wurde eher ein Prozess als ein Stil bezeichnet: Gefühle sollten durch die malerische Aktion zum Ausdruck gebracht werden. Zu den führenden Mitgliedern der Gruppe gehörten Jackson Pollock, Willem De Kooning, Adolph Gottlieb, Robert Motherwell, Franz Kline, Clyfford Still, Barnett Newman und Mark Rothko. In den Arbeiten dieser Maler gab es jedoch keine sichtbare Übereinstimmung. Sie alle waren von der europäischen Kunst, vor allem vom Surrealismus und Expressionismus, beeinflusst, weitgehend durch Künstler wie Max Ernst, André Masson, Piet Mondrian, Yves Tanguy und Marc Chagall, die während der Naziherrschaft in die Vereinigten Staaten emigriert waren. Eine weitere Inspirationsquelle bildeten die Bestände des Museum of Modern Art in New York, vor allem die späten Werke von Claude Monet, bestimmte Gemälde von Henri Matisse und Wassily Kandinsky, von Manuel Orozco und anderen mexikanischen Wandmalern. Der Abstrakte Expressionismus war jedoch niemals eine einheitliche Bewegung mit einem festen Programm, sondern eine lose zusammengefügte Gruppe unterschiedlicher künstlerischer Positionen. Der amerikanische Kunstkritiker Harold Rosenberg prägte für das Werk von Jackson Pollock, Willem De Kooning und Franz Kline die Bezeichnung „Action Painting". In ihren Bildern wird der Prozess des Malens selbst zum Gegenstand der Kunst. Rothko war kein Aktionsmaler. Er ist – zusammen mit Barnett Newman und Clyfford Still – der zweiten Hauptrichtung des Abstrakten Expressionismus zuzuordnen, dem „Colorfield-Painting" oder der Farbfeldmalerei, in der die emotionale Kraft der Farbe im Vordergrund steht und nicht die gestische Aktion. Der junge Maler William Seitz definierte die Bewegung des Abstrakten Expressionismus folgendermaßen: „Ihnen geht Ausdruck über Perfektion, Vitalität über Vollendung, das Fließende über das Ruhende, das Unbekannte über das Bekannte, das Verschleierte über das klar zu Tage Tretende, das Individuelle über das Gesellschaftliche und das Innere über das Äußere."

Die amerikanische Nachkriegskunst war bis dahin von zwei Hauptströmungen bestimmt worden: Der einen gehörten die Regionalisten an, die auf ihre je spezifische Weise die Tugenden der hart arbeitenden Bevölkerung des ländlichen Amerika darstellten. Zu der zweiten Gruppe gehörten die Künstler des sozialen Realismus. Ihre Kunst war ein Spiegel des amerikanischen Großstadtlebens während der Depressionsjahre. Keine der beiden Gruppen oder Schulen zeigte Interesse an abstrakter Kunst. Sie vertraten eher eine konservative Kunstrichtung. Viele Künstler der New York School hingegen trafen sich häufig in der legendären Cedar Bar, um ihre radikalen Thesen zu diskutieren. Sie stritten unermüdlich über Probleme der Kunst und vor allem über ihren vollständigen Bruch mit der Kunst der Vergangenheit, über ihre Neuerschaffung einer abstrakten Kunst, die nichts mehr mit konventionellen Techniken und Motiven zu tun hatte. Ihre Diskussionen gingen häufig bis in die frühen Morgen. Sie hatten kaum Geld und lebten nicht weit voneinander entfernt in dem kleinen Greenwich Village. Aber sie waren alle leidenschaftlich und begeistert. In dieser Männergruppe gab es nur eine einzige Frau: Lee Krasner, die spätere Frau von Jackson Pollock. Neben dem bereits erwähnten Einfluss der aus Frankreich vor den Nazis geflohenen Exilkünstler ist auch die große Ausstellung 1936 im Museum of Modern Art über Dada und Surrealismus bemerkenswert. Ein weiterer wichtiger Beitrag zur New Yorker Kunstszene war die Eröffnung von Peggy Guggenheims

„Wir bekräftigen unser natürliches menschliches Verlangen nach dem Erhabenen, nach absoluten Emotionen. Wir sind nicht angewiesen auf die abgenutzten Requisiten einer verloschenen und antiquierten Legende. Wir schaffen Bilder, deren Realität selbstverständlich ist und die ohne Stützen und Krücken oder Assoziationen mit veralteten Bildern, erhabenen oder schönen, auskommen. Wir entledigen uns des Ballastes der Erinnerung, der Assoziation, Nostalgie, Legende, des Mythos oder was auch immer die Werkzeuge der westeuropäischen Malerei waren. Anstatt *Kathedralen* aus Christus, dem Menschen oder dem ‚Leben' zu machen, schaffen wir die Bilder aus uns selbst und aus unseren eigenen Gefühlen. Das Bild, das wir hervorbringen, ist so einleuchtend, wirklich und konkret wie die Offenbarung, ein Bild, das von allen, die es nicht durch die nostalgischen Brillengläser der Kunstgeschichte anschauen, verstanden werden kann."
BARNETT NEWMAN, 1948

Untitled (Violet, Black, Orange, Yellow on White and Red), 1949
Öl auf Leinwand, 207 x 167,6 cm
New York, The Solomon R. Guggenheim Museum, Gift of Elaine and Werner Dannheiser and the Dannheiser Foundation

No. 9 [?], 1956
Öl auf Leinwand, 162,5 x 147,5 cm
New York, Robert Miller Gallery

berühmter Galerie „Art of this Century" im Jahr 1942. Dort hatte Jackson Pollock seine erste Einzelausstellung. Zu weiteren einflussreichen und berühmten Kunsthändlern, die abstrakte Kunst zeigten, gehörten Betty Parsons, Sidney Janis und Leo Castelli.

Die 45 Jahre während Karriere von Mark Rothko lässt sich in vier Abschnitte unterteilen: die realistischen Jahre von 1924 bis 1940, die surrealistischen Jahre von 1940 bis 1946, die Übergangsjahre von 1946 bis 1949 und die klassischen Jahre von 1949 bis 1970. In der ersten und teilweise auch in der zweiten Periode malte er Landschaften, Interieurs, städtische Szenen, Stillleben und die für seine spätere Entwicklung bedeutsamen *Subway*-Gemälde (Abb. S. 27). Die Kriegs- und Nachkriegsperiode ist durch symbolische Gemälde gekennzeichnet, die auf griechischer Mythologie und religiösen Motiven basierten. In der Übergangsperiode zur abstrakten Malerei schuf er die so genannten *Multiforms*, aus denen sich seine berühmten klassischen Werke mit rechteckigen, verschwommenen Farbformationen entwickelten. Für Rothko gingen seine reifen Gemälde, die kennzeichnend für sein Werk und synonym mit seinem Namen werden sollten, über die reine Abstraktion hinaus. Rothko, für den „die tragische Erfahrung das einzige Quellenbuch der Kunst" war, versuchte Tragödie und Ekstase als Grundbedingungen des Seins in seinen Bildern erfahrbar zu machen. Ihre Intention war es, das Wesen des universellen menschlichen Dramas zum Ausdruck zu bringen.

Untitled (Black on Gray), 1969/70
Acryl auf Leinwand, 175,3 x 235 cm
Sammlung Kate Rothko-Prizel

SEITE 14:
The Green Stripe, 1955
Öl auf Leinwand,
170,2 x 137,2 cm
Houston, The Menil Collection

SEITE 15:
No. 6 (Yellow, White, Blue over Yellow on Gray), 1954
Öl auf Leinwand, 240 x 152 cm
Sammlung Gisela und Dennis Alter

Von Russland nach Portland in Oregon und New York

Marcus Rothkowitz, das jüngste von vier Kindern, wurde am 26. September 1903 in Dwinsk, Russland, geboren. Seine Eltern, Jacob (geb. 1859) und Anna Goldin Rothkowitz (geb. 1870), hatten 1886 geheiratet. Marcus' Geschwister waren sehr viel älter, seine Schwester Sonia vierzehn Jahre, Moise elf und Albert acht Jahre. Dwinsk gehört heute zu Litauen und wurde 1990 in Daugavpils (dt. Festung an der Dauga) umbenannt. Der Name erinnert daran, dass der Ort sich aus einer mittelalterlichen, am Fluss Dauga gelegenen Festung entwickelt hat, die bis 1722 zum polnisch-litauischen Königreich gehört hatte, bevor sie 1772 unter Ivan IV. von Russland annektiert wurde. Dwinsk hatte zur Zeit von Rothkos Geburt etwa 90.000 Einwohner, die Hälfte davon Juden. Da Juden kein Land besitzen durften, waren sie zumeist Kaufleute. Rothkos Vater war Apotheker. Die geschäftige Stadt lag an einem Eisenbahnknotenpunkt und war von St. Petersburg und Riga mit der Bahn zu erreichen. Die Eisenbahn verkörperte Industrialisierung und Mobilität und beförderte den Handel. Als hoch entwickelte Industriestadt verfügte Dwinsk 1912 über mehr als 100 Fabriken mit 6.000 Beschäftigten. Viel zu verdienen gab es in den großen Eisenbahn- und Textilbetrieben nicht. Rothkos Vater hatte als Apotheker ein bescheidenes, aber geregeltes Auskommen. Als russisch-jüdischer Intellektueller zog er weltliche Erziehung und politisches Engagement einem religiösen vor. Doch in Folge der brutalen Pogrome des Jahres 1905, nach dem Scheitern der ersten russischen Revolution, war aus dem politisch interessierten, liberalen Jacob Rothkowitz ein Orthodoxer geworden. Bereits nach der Geburt von Marcus war er in die Synagoge zurückgekehrt. Den Juden von Dwinsk, die in beständiger Angst lebten, waren die Pogrome und Grausamkeiten erspart, die in Kischinew, Bialostocki und anderen Städten des zaristischen Russland gewütet hatten. In Dwinsk gab es nur gelegentliche Ausschreitungen. In anderen Städten jedoch wurden Tausende von Juden als vermeintliche Sympathisanten der Sozialdemokraten und Revolutionäre getötet.

1905 war Rothko zwei Jahre alt. Seine Heimatstadt wurde von der Geheimpolizei des Zaren sorgfältig überwacht. Wann immer die Kosaken – Gefolgsleute des Zarentums – in die Stadt kamen, um revolutionären Widerstand zu brechen, waren die Juden Opfer von Verfolgungen. Andere jüdische Gemeinden rund um Dwinsk lebten in ständiger Angst vor Pogromen und Massakern. Parolen wie „Wer die Juden vernichtet, rettet Russland" waren überall zu hören. In dieser Atmosphäre wuchs Mark Rothko auf. Später hat Rothko behauptet, sich an aus-

Untitled, um 1930
Tempera auf farbigem Zeichenpapier, 28,9 x 17,8 cm
The Mark Rothko Foundation, Inc.

Untitled (Standing Female Nude), 1935/36
Öl auf Leinwand, 71,1 x 43,2 cm
Sammlung Kate Rothko-Prizel

Max Weber
Grand Central Station, 1915
Öl auf Leinwand, 152,5 x 101,6 cm
Madrid, Museo Thyssen-Bornemisza

gehobene Gruben – als Gräber für die von Kosaken entführten und ermordeten Juden – in den Wäldern um Dwinsk erinnern zu können. Diese Bilder hätten ihn stets im Inneren verfolgt und seien in gewisser Weise auch in seiner Malerei verankert. Obwohl manche Kritiker aufgrund dieser Äußerung Rothkos seine malerische Vorliebe für das Rechteck – als formalen Widerhall der Grabform – in seinem reifen Werk erklärten, sind Zweifel angebracht. Rothko kann tatsächlich nicht Zeuge von Exekutionen gewesen sein; ebenso wenig gab es Massengräber in Dwinsk. Wahrscheinlicher ist, dass das Kind Erwachsene von Pogromen hat reden hören und in seiner Erinnerung Erzähltes und Erlebtes vermischt hat.

Die Rothkowitz waren eine gebildete Familie und aktive Zionisten, die neben Russisch und Jiddisch, wie sein älterer Bruder Moise berichtete, der sich später Maurice nannte, auch Hebräisch sprachen. Zwar gingen seine Geschwister auf staatliche Schulen mit jüdischem Schüleranteil, doch wünschte der Vater für seinen Sohn Marcus eine streng religiöse Erziehung. Im Alter von fünf Jahren wurde Marcus daher in den Cheder, das zur Synagoge gehörige, religiöse Schulhaus, geschickt. Dort war er einem strengen, ermüdenden Zeremoniell unterworfen: Religiöse Gesetzestexte lesen, beten, Übersetzen von hebräischen Texten und Auswendiglernen des Talmud. Rothko war dadurch – im Gegensatz zu seinen wesentlich älteren Geschwistern – in eine Außenseiterrolle gedrängt. Später beklagte er, dass er nicht viel von seiner Kindheit gehabt habe.

Als Marcus sieben Jahre alt war, beschloss sein Vater – wie viele andere Juden in Dwinsk – aufgrund des politischen und wirtschaftlichen Drucks in die Vereinigten Staaten auszuwandern. Weil er Idealist und ein großherziger Mann war, stand es um seine Apotheke immer schlechter. Außerdem befürchtete er, dass seine beiden älteren Söhne in die Armee müssten. Zwei Brüder des Vaters waren bereits etliche Jahre zuvor nach Portland in Oregon ausgewandert und unterhielten dort erfolgreich Bekleidungsfirmen. Jacobs Plan war, zunächst allein in die USA zu gehen und seine Familie nachkommen zu lassen, sobald er Fuß gefasst hätte. Er kam in Ellis Island an und reiste von dort nach Portland. Der am Zusammenfluss der Flüsse Willamette und Columbia gelegene Ort war damals eine blühende Holzfällerstadt mit mehr als 200.000 Einwohnern. Ein Jahr nach der Ankunft des Vaters verließen Marcus' Brüder Albert und Moise Russland, bevor sie in die zaristische Armee einberufen wurden. Marcus blieb mit seiner Mutter und seiner älteren Schwester Sonia in Dwinsk zurück; sie waren ständig den ökonomischen Unsicherheiten und politischen Gefahren der jüdischen Siedlungszone ausgesetzt.

Erst im Jahr 1913, als Marcus bereits zehn Jahre alt war, wurden sie von der Familie in Amerika nachgeholt. Im Hafen Liebau an der Ostsee stiegen sie an Bord des Dampfers „S.S. Czar". Nach einer zwölftägigen Reise in der zweiten Klasse trafen sie Mitte August in New York ein. Zehn Tage lang blieben sie bei Bekannten in New Haven, bevor sie mit dem Zug nach Portland weiterfuhren. Auf der zweiwöchigen Reise trug jeder von ihnen ein kleines Schild bei sich mit der Angabe, dass sie nicht Englisch sprächen. Obwohl die Verwandten ein Holzfachwerkhaus für die Rothkos fertig gestellt hatten und ihre Ankunft ausgelassen gefeiert wurde, schwanden die Hoffnungen auf ein freieres und sichereres Leben schnell. Denn nach nur sieben Monaten, am 27. März 1914, starb Marcus' Vater Jacob, der im Bekleidungsgeschäft seines Bruders gearbeitet hatte, an Darmkrebs. Durch seinen Tod musste die restliche Familie nun selbst für ihren Lebensunterhalt aufkommen. Einer seiner Brüder, der seinen Namen in Roth änderte, übernahm zum Broterwerb niedere Dienste, während seine Schwester Sonia, eine gelernte Dentistin, Arbeit als Kassiererin fand. Marcus musste nach

Untitled (Seated Woman), 1938
Öl auf Leinwand, 81,6 x 61,6 cm
Sammlung Christopher Rothko

der Schule im Lager seines Onkels arbeiten, obwohl er noch sehr jung war. Außerdem verkaufte er Zeitungen, was ihm einige Cent pro Zeitung einbrachte. Doch die Familie hielt sich über Wasser. Sonia arbeitete später als Zahnarztassistentin und Moise eröffnete eine Apotheke. Albert arbeitete eine Zeit lang für Moise, bevor er eine eigene Apotheke eröffnete. Schließlich nahm Rothkos Mutter Anna, genannt Kate, Kostgänger auf.

Gerade einen Monat in Amerika, wurde Marcus im September 1913 auf einer Grundschule eingeschult. Man erwartete, dass die Kinder der Emigranten die Sprache durch Zuhören lernten. Schon im Herbst des darauf folgenden Jahres wurde Marcus in die dritte Klasse hochgestuft und im Frühjahr darauf bereits in die fünfte. In kürzester Zeit lernte er Englisch und fand Freunde in der Umgebung. Die letzten vier Klassen – in Portland umfasste die Grundschule neun Klassen – absolvierte Marcus in nur drei Jahren. Nach nur weiteren dreieinhalb Jahren, im Juni 1921, graduierte Marcus mit siebzehn an der Lincoln High School mit einem hervorragenden Zeugnis.

Street Scene, um 1937
Öl auf Leinwand, 73,5 x 101,4 cm
Washington, DC, National Gallery of Art,
Gift of The Mark Rothko Foundation, Inc. 1986

In Portland gab es viele jüdische Emigranten, die in einem Stadtteil zusammen lebten. In ihrem Gemeindezentrum sprachen sie Jiddisch oder Russisch. Nachdem die Familie sich wirtschaftlich wieder frei fühlte, schloss sie sich bald örtlichen radikalen Bewegungen an. Der sensible und übernervöse Marcus fühlte sich dadurch angeregt und beteiligte sich zunehmend an den aktuellen Diskussionen. Er erwies sich als blendender Streiter für die Rechte der Arbeiter, zum Beispiel in Bezug auf das Streikrecht und die Geburtenkontrolle. Seine ganze Familie sei für die russische Revolution gewesen, sagte Rothko später einmal. Dennoch war er kein sozialer Rebell. Sein jugendlicher Anarchismus scheint eher romantische Attitüde gewesen zu sein denn politische Ideologie. Während der Zeit an der Lincoln High School nahm er am Kunstunterricht teil, ohne jedoch eine künstlerische Karriere ins Auge zu fassen. Er interessierte sich sehr für Musik, eine Begeisterung, die viele Jahre anhielt. Rothko konnte nach Gehör Mandoline und Klavier spielen. Aufgrund seiner guten Noten erhielt er, zusammen mit seinen Freunden Aaron Director und Max Naimark, ein Stipendium für die Yale University. Für die drei jungen Juden war es zu jener Zeit schwer, an einer Eliteuniversität, die Aufnahmebeschränkungen für Juden hatte, Fuß zu fassen. Die „Wasps" (White Anglo-Saxon Prostestants), die Nachkommen der englischen Einwanderer, standen der jüdischen Minderheit sehr ablehnend gegenüber. Marcus immatrikulierte sich für Geisteswissenschaften und mietete sich in der Mansarde eines Arzthauses ein. Er gestaltete eine Studentenzeitung mit dem

Titel „The Yale Saturday Evening Post", eine Art Untergrundzeitung, die das soziale Prestigedenken und die Lehrmethoden der Bildungsanstalt kritisierte. Als sein Stipendium nach einem Jahr auslief – seine Benotung lag immer über dem Durchschnitt –, musste er sich als Kellner und Laufbursche für eine Wäscherei sein Studium selbst verdienen. Nach dem zweiten Jahr brach er die Universität ohne Abschluss ab. 46 Jahre später erhielt er die Ehrendoktorwürde der Fakultät der bildenden Kunst von eben dieser Universität.

Im Herbst 1923 fasste er den Entschluss nach New York zu gehen. Dort mietete er sich ein Zimmer an der West Side. Um seine Miete bezahlen und sich ernähren zu können, übernahm er alle möglichen Jobs im Bekleidungssektor oder als Buchhalter bei Verwandten. Er war nun 20 Jahre alt und lebte selbstständig. Nach eigener Aussage hat er in New York das Malen eher zufällig für sich entdeckt, als er einen Freund an der berühmten „Art Students' League" besuchte und sah, wie Studenten Skizzen von einem nackten Modell anfertigten: „Da wusste ich: das war mein Leben." Im Januar 1924, acht Monate nach Abgang vom College, schrieb er sich an dieser Kunstschule ein und nahm Kurse in Anatomie bei George Bridgman sowie Zeichenunterricht. Nur zwei Monate später fuhr er zurück nach Portland, um seine Familie zu besuchen. Dort trat er einer Theatergruppe bei, die von Josephine Dillon, der ersten Frau von Clark Gable, geleitet wurde. Doch seine schauspielerischen Ambitionen sollten nur ein Zwischenspiel bleiben. Dennoch erzählte er später gerne, er sei ein besserer Schauspieler als Gable gewesen. Tatsächlich hat er aufgrund seiner plumpen Gestalt und seiner Größe von 1,80 Meter auf der Bühne wohl eher unbeholfen gewirkt.

Ruhelos wie er war, kehrte er schon bald nach New York zurück und schrieb sich an der „New School of Design", einer kleinen Schule für Gebrauchsgrafik, in der Klasse von Arshile Gorky ein. Im Oktober 1925 belegte Rothko erneut Kurse an der Art Students' League und nahm Unterricht im Zeichnen nach der Natur. Kurz darauf fasste er den Entschluss, in die Klasse des berühmten amerikanischen Malers Max Weber einzutreten, der einen Stilllebenkurs leitete. Weber und Rothko hatten eine verbindende Gemeinsamkeit: Beide waren als russisch-jüdische Einwanderer im Alter von zehn Jahren in die USA gekommen. Weber, ein renommierter Künstler und einer der Pioniere der modernen Malerei in Amerika, war 1905 im Alter von 24 Jahren nach Paris gegangen. Dort machte er die Bekanntschaft mit der berühmten Gruppe der „Fauves" (der Wilden), zu denen Henri Matisse, André Derain und Maurice Vlaminck gehörten. Er wurde von Paul Cézanne und Matisse beeinflusst, dessen Schüler er kurzzeitig war. Nach seiner Rückkehr in die Vereinigten Staaten 1908 fand er zu einer eigenen Form expressionistischer Malerei, bei der er eine innere geistige Vision in ein Gefüge aus Formen und Farben zu übersetzen versuchte (s. Abb. S. 20). In seinem Unterricht betonte Weber immer wieder den göttlichen Geist, der dem Kunstwerk innewohne, und die emotionale Kraft in der Arbeit. Kunst sei nicht nur Repräsentation, sondern „Enthüllung, Prophetik". Dieser romantische Idealismus hat auf Rothko bleibenden Eindruck gemacht. Seine Arbeiten aus den späten 20er Jahren, meist häusliche und städtische Szenen in einem pastosen, düsteren, expressionistischen Stil, verraten Webers Einfluss.

In New York entwickelte Marcus Rothkowitz zunehmend Interesse für Museen und Ausstellungen in Galerien. Er sah Werke des von seinem Lehrer verehrten Georges Rouault und die der deutschen Expressionisten, ebenso Werke von Paul Klee. In sein Skizzenbuch zeichnete er Landschaften, Interieurs, Stillleben und andere Szenen. Im Jahr 1928, im Alter von 25 Jahren, zeigte er seine Arbeiten zum ersten Mal in einer Gruppenausstellung in der Opportunity Gallery, einer

Arshile Gorky
The Betrothal, 1947
Öl auf Leinwand, 127,5 x 100 cm
New Haven, CT, Yale University Art Gallery,
Katherine Ordway Collection

Milton Avery
Sitters by the Sea, 1933
Öl auf Leinwand, 71,1 x 91,4 cm
Privatbesitz

Milton Avery
Gaspé-Pink Sky, 1940
Öl auf Leinwand, 81,3 x 118,8 cm
Sammlung Mr. und
Mrs. Samuel Lindenbaum

„Mir gefällt ganz besonders, wie malerisch sein
Werk ist und wie er immer wieder auf neue
Weise gemalt hat. Seinen Vorhaben in seinem
Spätwerk ist keine besondere Aufmerksamkeit
gewidmet worden, aber ich finde, dass diese
Arbeiten ganz besonders wichtig sind … Er war
einer der letzten malerischen Maler, wirklich auf
den Akt des Malens bedacht. Irgendwie ist er
aufgrund dieser besonderen Qualität historisch
sehr isoliert … Mit Rothko gewinnt man die
Überzeugung, dass Pinselstrich und Farbe etwas
mit Emotion zu tun haben, während für die
anderen Farbe lediglich etwas mit Farbe zu tun
hat … Sein Pinselstrich hat Auswirkungen auf
die gesamte Empfindung, die das Gemälde aus-
löst … Ich mag seine Beweglichkeit, dass er sich
nicht an eine Situation geklammert hat. Er
konnte ebenso gut diese wunderschönen kleinen
Gemälde auf Papier machen wie auch diese
großartigen, riesigen Arbeiten. Ich sehe ihn in
der Tradition der großen Malerei, jener Künstler, die sich mit großen Ideen befasst haben und
eine Menge zu sagen hatten … Ich denke da an
Delacroix und Courbet."
BRICE MARDEN, 1997

kleinen, von der Stadt subventionierten Galerie, die Arbeiten von jungen Künstlern präsentierte. Auch in der Werbung sammelte er ein paar Erfahrungen: Er erhielt den Auftrag, Landkarten und Illustrationen für die *Graphic Bible* von Lewis
Browne, einem Rabbi aus Portland, der zum Bestsellerautor avanciert war, zu
zeichnen. Als er nicht als Urheber für diese Arbeit genannt wurde, verklagte er
Browne auf 20.000 Dollar Schadenersatz. Am Ende verlor er jedoch den Prozess.

Ab 1929 erteilte Rothko zweimal wöchentlich Unterricht im Malen und Arbeiten in Ton für Kinder an der „Center Academy", einer Schule, die zu einem jüdischen Bildungszentrum in Brooklyn gehörte. Rothko, der den Kunstunterricht
dort selbst initiiert hatte, behielt seine Lehrtätigkeit bis 1952, also über 20 Jahre,
bei. In einer Rede, die er Mitte der 30er Jahre an dieser Schule hielt, sprach er
über die Beziehung „zwischen dem Maler, der gut malen kann, und dem Künstler, dessen Werke Leben und Phantasie atmen". Er sprach auch über „den Unter-
schied zwischen rein handwerklicher Fähigkeit und handwerklichem Können,
das mit Geist, Ausdrucksstärke und Persönlichkeit gepaart ist … das Ergebnis ist
eine ständige kreative Aktivität, in der das Kind eine völlig kindgemäße Kosmo-
logie kreiert, in der die unendlich vielfältige und aufregende Welt der kindlichen
Fantasievorstellungen und Erfahrungen zum Ausdruck kommt …" Nach
Rothkos Überzeugung haben die künstlerischen Ausdrucksmittel nichts mit
handwerklichem Können oder Maltechniken zu tun, sondern lassen sich von
einem angeborenen Formgefühl herleiten, wobei ihm die Spontaneität, Einfach-
heit und Direktheit von Kindern als Ideal vorschwebten.

Durch seinen Freund, den Geiger Louis Kaufman, lernte Marcus 1932 den 18
Jahre älteren Maler Milton Avery kennen. Die Begegnung mit dem Maler, der in
den Vereinigten Staaten „der amerikanische Matisse" genannt wurde, war für ihn
von großer Bedeutung. Averys Hingabe an sein Handwerk, seine ausgeglichene,
ruhige Natur, beeindruckten den unsicheren und suchenden Marcus sehr. Milton und seine Frau Sally standen jeden Tag um sechs Uhr auf und arbeiteten bis
sechs Uhr abends. „Avery war der unaufdringlichste und am wenigsten übertrie-
bene Mensch, den man sich vorstellen kann", berichtete Louis Kaufman. Aufent-
halte in Averys Atelier waren bedeutsame Augenblicke, die Rothko nie vergaß.
„An den Wänden hingen stets unzählige Bilder, immer wieder andere, Bilder voller Poesie und Licht", erzählte er rückblickend. Seine Besuche wurden immer häu-
figer und beeinflussten seine Arbeit stark. In den frühen 30er Jahren entstanden
einige Aquarelle mit Strandszenen (Abb. S. 25). Die Sandflächen nehmen den
größten Raum ein. Meer und Himmel sind mit grünen und grauen Streifen an-
gedeutet. Die Strandfiguren sind von weißen Flächen freigelassenen Papiers um-
geben und scheinen so über dem Sand zu schweben. Selbst in Rothkos reifen Arbeiten, mit ihren vereinfachten Formen, ihrem expressiven Farbeinsatz und dem
dünnen Farbauftrag, spürt man den einflussreichen Nachhall Averys (Abb. S. 24).

Um das Jahr 1929 entwickelte sich ebenfalls eine Freundschaft zu dem gleich-
altrigen Künstler Adolph Gottlieb, der neben Barnett Newman, John Graham
und Joseph Solman zu der Clique um Avery gehörte. Gottlieb und Rothko waren
einander in New York in der kleinen Art Center Gallery und der Opportunity
Gallery anlässlich der ersten Gruppenausstellung begegnet. Die Freundschaft
zwischen Rothko, Gottlieb und Milton Avery festigte sich zunehmend. Sie ver-
brachten sogar mehrere Sommer gemeinsam ihre Ferien am Lake George und in
Gloucester, Massachusetts, wo sie tagsüber malten und abends diskutierten. In
New York besuchten Rothko und Gottlieb die Averys fast täglich, die in ihrer
Wohnung einmal pro Woche einen Kurs für Aktzeichnen gaben und Leseabende
veranstalteten.

Im Sommer 1932 unternahm Marcus eine Reise zum Lake George. Dort lernte er Edith Sachar, eine junge, attraktive Schmuckdesignerin kennen, die er im gleichen Jahr am 12. November heiratete. Zu Anfang war es eine romantisch geprägte Beziehung mit wechselseitigen künstlerischen Ambitionen. Nach ihrer Rückkehr verlief ihr bohemienartiges Leben in New York recht ärmlich, doch ihre Zuneigung wurde dadurch zunächst nicht getrübt.

Im Sommer 1933 hatte Rothko seine erste Einzelausstellung im Portland Museum. Neben seinen eigenen Arbeiten wurden dort auch Bilder von Kindern aus seinen Klassen an der Center Academy in Brooklyn ausgestellt. Er zeigte dort Aquarelle und Zeichnungen, die von Cézanne und John Marin beeinflusst waren. Seine Familie in Portland, der es während der Depressionszeit finanziell sehr schlecht ging, hatte kein Verständnis für seine künstlerische Laufbahn. Sie machte ihm Vorhaltungen, dass er seine Mutter nicht unterstütze und ihr nie schreiben würde. Ein paar Monate nach seinem Sommeraufenthalt in Portland hatte Rothko seine erste große New Yorker Ausstellung in der Contemporary Arts Gallery. Dort waren zum ersten Mal 15 Ölgemälde – die meisten von ihnen waren Porträts – sowie Aquarelle und Zeichnungen zu sehen. Die Kritiker lobten

Bathers or Beach Scene (Untitled), 1933/34
Aquarell auf Papier, 53,3 x 68,6 cm
Sammlung Christopher Rothko

insbesondere die Aquarelle mit Landschaftsdarstellungen in einem eher flüchtigen Stil und seiner Vorliebe für große Flächen. Obwohl Rothkos Aquarelltechnik zu jener Zeit weiter entwickelt als seine Ölmalerei war, gehörte letztere zu seinen bevorzugten Techniken. Häufig malte er weibliche Akte. Die Frauen sind korpulent, in dicken, schweren, bewegten Linien – ohne Detaillierung – erfasst. Expressionistische Verzerrungen in melodramatischem Grundtenor bestimmen die Bilder jener Zeit.

Rothko engagierte sich immer wieder für künstlerische Freiheit, ohne direkt politisch aktiv zu sein. Als 1934 die Rockefellers auf einem Gemälde für das Rockefeller Center, das sie bei dem berühmten mexikanischen Wandmaler Diego Rivera in Auftrag gegeben hatten, Lenin unter den abgebildeten Personen entdeckten, ließen sie das Bild entfernen. Es gab eine Protestkundgebung von über 200 Künstlern, unter denen sich auch Mark Rothko befand. Ebenfalls gehörte er zu den Gründungsmitgliedern der Künstlergewerkschaft „Artist Union" in New York. Ende 1935 gründeten Künstler der Gallery Secession, einer Galerie, die sich neuesten künstlerischen Tendenzen verschrieben hatte, eine Avantgardegruppe, die als „The Ten" bekannt wurde, obwohl sie nur neun Mitglieder zählte. Der zehnte Platz war variabel. Zu ihnen gehörten Ben-Zion, Adolph Gottlieb, Louis Harris, Yankel Kufeld, Louis Schanker, Joseph Solman, Nahum Tschasbasov, Ilya Bolotowsky und Marcus Rothkowitz. Sie trafen sich einmal im Monat im Atelier eines der Mitglieder. The Ten band sich an keine Galerie, vielmehr gab es Pläne für eine städtische Kunstgalerie, in der selbst organisierte Gruppenausstellungen stattfinden sollten. 1936 nahm The Ten an der Eröffnungsausstellung der Municipal Art Gallery teil. Über das Zusammenfinden der Gruppe sagte der Maler Adolph Gottlieb: „Wir waren Outcasts, so etwas wie expressionistische Maler. Für die meisten Kunsthändler und Sammler waren wir nicht akzeptabel. Wir haben uns zusammengeschlossen, um uns gegenseitig zu unterstützen." Laut Gottlieb schien „das ganze Problem darin zu bestehen, wie man sich aus der Falle – Picasso und Surrealismus – befreien kann und sich von amerikanischem Provinzialismus, Regionalismus und sozialem Realismus freihalten kann." Bei aller Unterschiedlichkeit der Mitglieder – die Gruppe umfasste Anhänger des Expressionismus ebenso wie Vertreter der geometrischen Abstraktion – bildete The Ten eine Allianz gegen die vom Whitney Museum geförderte amerikanische regionale Kunst, die ihnen viel zu provinziell erschien. Rothko sagte: „Es ist in der bildenden Kunst, in der Poesie und in der Musik niemals darum gegangen, irgendetwas darzustellen. Es geht immer darum, etwas schön, bewegend oder dramatisch zu machen – und das ist keinesfalls dasselbe."

Es bedeutete einen großen Erfolg für The Ten, als sie 1936 eine Einladung nach Paris zu einer Ausstellung in der Galerie Bonaparte erhielten. Ein französischer Kunstkritiker, der die Ausstellung besprach, äußerte den Gedanken, dass Rothkowitz' Gemälde „einen authentischen Farbwert zur Darstellung bringen". 1938 veranstaltete The Ten eine Ausstellung in der Mercury Gallery mit dem Titel „The Ten: Whitney Dissenters" (Whitney Abweichler). Diese Protestausstellung erregte eine Menge Aufsehen. Bernard Braddon und Marcus Rothkowitz schrieben den Katalogtext. Gegen Ende des Jahres 1939 löste sich die Gruppe auf. In ihrem vierjährigen Zusammenschluss organisierte The Ten acht Gruppenausstellungen, davon zwei in der konservativen Montross Gallery in New York.

Während seiner Mitgliedschaft bei The Ten, von 1936 bis 1939, arbeitete Rothko im Rahmen des staatlichen Projekts TRAP (Treasury Relief Art Project), das der Bundesbehörde WPA (Works Progress Administration) unterstand. Es verschaffte Künstlern nach der Weltwirtschaftskrise Aufträge zur Verschönerung

Untitled (Subway), um 1937
Öl auf Leinwand, 51,1 x 76,2 cm
Washington, DC, National Gallery of Art,
Gift of The Mark Rothko Foundation, Inc.

öffentlicher Gebäude. Rothko arbeitete dort 15 Stunden die Woche in der Abteilung Staffeleimalerei bei einem Entgelt von 95,44 Dollar im Monat. (Zu den Malern, die ebenfalls von dem Förderprojekt profitierten, gehörten Milton Avery, William Baziotes, James Brooks, Willem De Kooning, Arshile Gorky, Philip Guston, Lee Krasner, Louise Nevelson, Jackson Pollock, Ad Reinhardt, David Smith sowie acht Mitglieder der Gruppe The Ten.)

Um 1936 begann Marcus auch mit dem Schreiben über die Entwicklung von Kreativität und die Beziehung zwischen Kinderkunst und moderner Kunst. Er plante ein Buch, eine theoretische Abhandlung über das Malen. Aus dieser Zeit ist lediglich ein „Skizzenbuch" erhalten geblieben. Es enthält Entwürfe für seine Rede zum zehnjährigen Bestehen der Center Academy im Jahr 1938. In diesem *Scribble Book* schreibt er über seine langjährige Erfahrung mit dem Unterrichten von Kindern in der Kunst: „Häufig transformiert sich Kinderkunst in einen Primitivismus, was nur daran liegt, dass das Kind eine Mimikry seiner selbst produziert." An anderer Stelle heißt es: „Zur maßstabgerechten Konzeption gehört die Beziehung von Gegenständen zu ihrer Umgebung und die Betonung der Dinge oder des Raums. Unbedingt gehört dazu auch Raumgefühl. Ein Kind kann den Raum beliebig begrenzen und dadurch seine Gegenstände glorifizieren. Oder es gestaltet einen unbegrenzten Raum, wodurch die Wichtigkeit der Gegenstände verkleinert wird, was zur Folge hat, dass sie verschmelzen und zum Teil der räumlichen Welt werden. Das könnte eine perfekt ausbalancierte Beziehung sein." Rothko war überzeugt, dass eine bleibende schöpferische Aktivität nur entstehen könne, wenn man das Kind von Anfang an auffordere, seinen

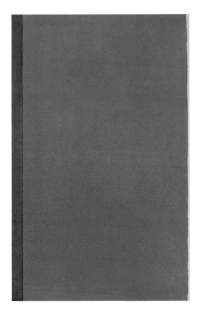

Barnett Newman
Who's Afraid of Red, Yellow and Blue I, 1966
Öl auf Leinwand, 190 x 122 cm
New York, Privatbesitz

Im Frühjahr 1946 zeigte die Mortimer Brandt Gallery eine umfassende Ausstellung von Rothkos Aquarellen, die erstmalig 1933 im Portland Museum zu sehen waren. In einer Besprechung hieß es, dass die Arbeiten auf „Rothkos lyrische, mythische und metaphorische Themen Bezug nehmen".

Vorstellungen, Phantasien, Neigungen konkreten Ausdruck zu verleihen, ohne es durch akademische Regeln zu begrenzen. Rothko meinte, dass „die Tatsache, dass man normalerweise mit dem Zeichnen beginnt, etwas Akademisches an sich" habe. „Wir fangen mit der Farbe an." Er schloss sich der These des Wiener Kunstpädagogen Cizek an, derzufolge Kinder, ebenso wie primitive Künstler, ein angeborenes Formgefühl haben, das sich frei und ohne Eingriffe durch den Intellekt entfalten soll. Diese Art der Annäherung an die Kunst von Kindern sollte einige Jahre später Rothko selbst als Befreiung dienen.

1936 fanden im Museum of Modern Art in New York zwei Ausstellungen statt, die, wie bereits erwähnt, für die weitere Entwicklung Rothkos von immenser Bedeutung waren: „Kubismus und Abstrakte Kunst" und „Phantastische Kunst, Dada und Surrealismus". Hier konnten die jungen amerikanischen Maler erstmals die besten Arbeiten ihrer europäischen Zeitgenossen sehen, ohne nach Europa reisen zu müssen. Zu den gezeigten Künstlern der zweiten Ausstellung gehörte auch Giorgio de Chirico, dessen Werk damals einen starken Einfluss auf Marcus' Kunst hatte. Zwischen 1936 und 1938 malte Rothko eine Reihe von New Yorker Stadtszenerien, deren Motive und Kompositionsmuster die spätere Malerei des Künstlers vorwegzunehmen scheinen. In seinen Interieurs, U-Bahn- und Straßenszenerien sind die expressionistisch schematisierten Figuren in verschiedene eng bemessene Räume gesetzt, die an die Pittura Metafisica erinnern.

In der größten Rothko-Retrospektive mit über 100 Gemälden, die im Jahr 1998 in der National Gallery in Washington stattfand, wollte der Kurator Jeffrey Weiss demonstrieren, dass Rothkos malerische Sichtweise eine ganz und gar städtische ist, die das Licht der Großstadt und den städtischen Raum evoziert. Diese Vision zeige sich schon in Rothkos frühen Gemälden von der New Yorker Untergrundbahn mit geometrischen und architektonischen Elementen, die bereits auf die Abstraktion hinwiesen. In seinem Essay schreibt Jeffrey Weiss, dass sich „seine Affinität weniger auf die offene Sichtweise der Landschaft richtet, sondern vielmehr auf die städtische Perspektive, die abwechselnd ein tunnelartiger Raum oder aber ein versperrter ist … Mit Hilfe von Wänden, Türen und anderen architektonischen Elementen wird der abgebildete Raum durch die vereinfachte Malweise des Künstlers zu einer fast planen Bildfläche komprimiert, die sich nur gelegentlich in die Tiefe öffnet. In typischer Isolation, oder paarweise, besetzen Rothkos Figuren deutlich voneinander getrennte Räume, die sie wie eingesperrt, wie gefangen, erscheinen lassen. Bleiben Rothkos urbane Schauplätze gewöhnlich vage, so interessierte ihn die Subway offensichtlich als einzigartiger Erfahrungsraum." Mit den *Subway*-Bildern (Abb. S. 27) wollte Rothko das Leben des modernen Großstadtmenschen in Einsamkeit und Isolation erfassen. Seine eigene Geschichte – die des eingewanderten Außenseiters –, seine Melancholie, seine Depressivität und Bewältigung seines eigenen Schicksals waren den *Subway*-Gemälden eingeschrieben. In den geisterhaften Gemälden wird die U-Bahn zu einem Ort der Entfremdung, der Unbehaustheit baudelairscher Prägung. Der unterirdische Raum wird zu einem metaphorischen Raum der „Unterwelt", in dem seine surrealistisch-hintergründigen Bildwelten aus der Mitte der 40er Jahre vorweggenommen werden.

Untitled, 1946
Aquarell auf Papier, 98,4 x 64,8 cm
Privatbesitz

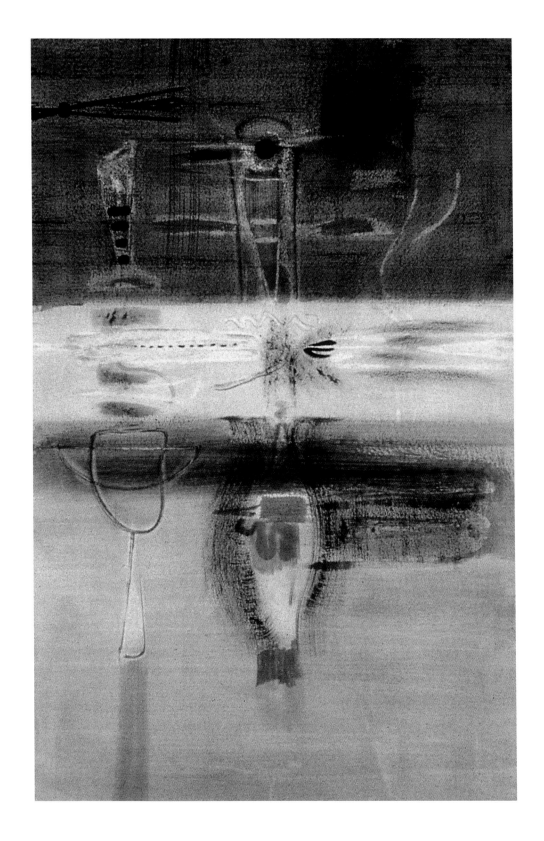

Marcus Rothkowitz wird Mark Rothko
Mythologie und Surrealismus

Im Sommer 1937 trennten sich Marcus und seine Frau Edith vorübergehend. Häufig hatte es Streitereien wegen ihrer prekären finanziellen Situation gegeben. Edith eröffnete ein Silberschmuckgeschäft und verkaufte ihre Arbeiten auf Kunsthandwerksmessen. Auf diesem Weg gelangte sie aus der finanziellen Enge, die ihre Ehe immer mehr belastet hatte. In den Augen von Marcus jedoch war sie zu materialistisch eingestellt. Im Herbst versöhnten sie sich wieder, aber die Spannungen blieben. Am 21. Februar 1938 wurde Rothko in den Vereinigten Staaten eingebürgert. Bereits 1924 hatte er zwar erste Schritte zur Einbürgerung unternommen, den Weg aber nicht energisch genug verfolgt. 1935 stellte er dann einen Einbürgerungsantrag. Wie viele Juden in den USA war er besorgt über das Aufkommen des Nationalsozialismus in Deutschland, aber auch über das Wiederaufleben des Antisemitismus in Amerika. Die amerikanische Staatsbürgerschaft bedeutete dagegen Sicherheit. Gleichzeitig änderten viele amerikanische Juden auch ihre Namen. Im Januar 1940 beschloss Marcus Rothkowitz, seinen Namen in Mark Rothko abzukürzen. Mehr als 20 Jahre zuvor hatten Rothkos Brüder ihre Namen in Roth umgeändert. Rothko dagegen klang weder jüdisch noch amerikanisch oder russisch, eher ein wenig respekteinflößend. Die Namensänderung wurde erst 1959, als er einen Pass beantragte, legalisiert.

Anfang April 1940 verließen Rothko und seine Malerfreunde Milton Avery, Ilya Bolotowsky, Gottlieb, Harris und andere den American Artists Congress aus politischen Gründen. Anlass waren die russische Invasion in Finnland 1939 und der Hitler-Stalin-Pakt, der zu einem Bruch zwischen den radikalen und liberalen Kongressmitgliedern und schließlich zur Auflösung der Vereinigung führte. Die Liberalen, zu denen Rothko und seine Freunde gehörten, zählten im Juni desselben Jahres zu den Gründungsmitgliedern der Federation of Modern Painters and Sculptors, die es sich zum Ziel gesetzt hatte, „für das Wohlergehen der freien und fortschrittlichen Künstler in Amerika zu kämpfen". Obwohl der Krieg die Welt bereits erschütterte und anfangs die Frage des politischen Engagements die Diskussionen beherrschte, stand die Organisation doch mehr für den Kampf um künstlerische Unabhängigkeit und freie Ausdrucksmöglichkeiten, die mit Freiheit und Demokratie gleichgesetzt wurden. Kunst sollte von nationalistischen, politischen, wirtschaftlichen und zeitgeschichtlichen Faktoren frei gehalten werden. Die Federation veranstaltete ab 1941 jährliche Ausstellungen, an denen Rothko teilnahm.

Composition, 1941/42
Öl auf Leinwand, 73,7 x 63,5 cm
Privatbesitz, Courtesy Jason McCoy, Inc.

„Ein Bild lebt durch die Gesellschaft eines sensiblen Betrachters, in dessen Bewusstsein es sich entfaltet und wächst. Die Reaktion des Betrachters kann aber auch tödlich sein. Es ist daher ein riskantes und gefühlloses Unterfangen, ein Bild in die Welt zu entlassen. Wie oft wird ihm durch die Blicke der Vulgären und die Grausamkeit der Machtlosen, die ihr Unglück am liebsten auf alles andere übertragen würden, ein dauerhafter Schaden zugefügt!"
MARK ROTHKO, 1947

The Omen, 1943
Öl und Graphit auf Leinwand, 48,9 x 33 cm
Washington, DC, National Gallery of Art,
Gift of The Mark Rothko Foundation, Inc.

Antigone, 1939/40
Öl und Kohle auf Leinwand, 86,4 x 116,2 cm
Washington, DC, National Gallery of Art,
Gift of The Mark Rothko Foundation, Inc.

Es fällt jedoch auf, dass Rothko während der schlimmsten Kriegsjahre einen radikalen Stilwandel vollzog, auch wenn sich nicht ermitteln lässt, wann es genau dazu kam. Die neue Werkphase entstand während seiner engen Zusammenarbeit mit Adolph Gottlieb. Mit ihm hatte er lange Diskussionen über die Krise des künstlerischen Stoffes. Die Künstler waren überzeugt, dass die amerikanische Malerei einen toten Punkt erreicht habe, und überlegten, wie Rothko die an die Pittura Metafisica erinnernden U-Bahn-Szenen überwinden könne. Barnett Newman, der wiederholt an diesen Diskussionen teilnahm, formulierte es später so: „Wir spürten die moralische Krise einer Welt, die ein Schlachtfeld war, einer Welt, die verwüstet war von der gewaltigen Zerstörung des tobenden Weltkriegs … Es war unmöglich, so zu zeichnen wie früher – Blumen, liegende Akte und Cello spielende Musiker."

Gottlieb berichtete, dass Rothko und er 1941/42 eine Reihe von Bildern begannen, in denen sie mythologische Stoffe, besonders solche der griechischen Mythologie, zu verarbeiten suchten. Sie wandten sich archaischen Mythen zu, die vor dem Hintergrund der politischen Realität des Krieges metaphorische Bedeutung erlangten. In „The Portrait and the Modern Artist" schrieb Rothko: „Diejenigen, die glauben, dass die Welt heute weniger brutal und undankbar ist als diese Mythen mit ihren urzeitlichen, besitzergreifenden Leidenschaften, sind sich entweder der Realität nicht bewusst oder sie wollen sie in der Kunst nicht sehen." Die Wahl der mythologischen Themen ist jedoch auch als ein Versuch zu verstehen, sich mit universellen Fragen auseinander zu setzen. Gottlieb und Rothko beschäftigten sich wahrscheinlich mit Freuds Traumdeutung und C. G. Jungs Theorien vom kollektiven Unbewussten. Sie lasen aber auch die Schriften der griechischen Philosophen. Rothko war von Plato fasziniert und von Aischylos' *Orestie* sehr beeindruckt, aus der er mehrere Episoden malerisch umsetzte. In archetypischen Bildern konnte Rothko Barbarei und Zivilisation, beherrschende Leidenschaften, Schmerz, Aggression und Gewalttätigkeit als urzeitliche, zeitlos tragische Phänomene darstellen, ohne auf den Krieg als historisches Ereignis Bezug zu nehmen. Dennoch spielte er auf metaphorischer Ebene darauf an. Den mehrschichtigen Bedeutungsgehalt illustrieren zwei Äußerungen Rothkos, die er über *The Omen of the Eagle* (1942) gemacht hat: „Der Stoff für das Bild *The Omen of the Eagle* stammt aus der *Orestie* von Aischylos. Es geht aber nicht um diese bestimmte Geschichte, sondern um das Wesen des Mythos schlechthin, um das, was in allen Mythen zu allen Zeiten vorhanden ist. Dieses Wesen des Mythos besteht in einem Pantheismus, der Mensch, Vogel, Tier und Baum – das Bekannte und Erkennbare – zu einer einzigen tragischen Idee vereint." Der Adler war zur Zeit der Entstehung des Bildes sowohl das nationale Symbol Deutschlands als auch das Amerikas. In Amerika wurde der Krieg als ein Konflikt zwischen Barbarei und Zivilisation angesehen. Rothko vereint in der Figur des Adlers Ungezähmtheit und Zivilisation zu einer einzigen barbarischen Figur, die Gewalttätigkeit und Verwundbarkeit in einem verkörpert. Als Rothko das Werk 1943

Untitled, 1944
Aquarell und Kreide mit Bleistiftspuren auf Papier, 36,8 x 53,4 cm
Sammlung Mr. und Mrs. Michael Wilsey

Astral Image, 1946
Öl auf Leinwand, 112 x 86 cm
Houston, The Menil Collection,
Bequest of Jermayne MacAgy

Untitled, 1944/45
Aquarell, Tusche auf Papier, 68,1 x 50,5 cm
Washington, DC, National Gallery of Art,
Gift of The Mark Rothko Foundation, Inc.

erläuterte, sprach er von „der Neigung der Menschen, sich gegenseitig abzuschlachten, etwas, was man gerade heute genau kennt". Rothko suchte, wie es Rothkos Biograph James Breslin ausgedrückt hat, nach Bildern für das, „was er den ‚Geist des Mythos' nannte, suchte nicht den griechischen oder christlichen Stoff, sondern die emotionalen Wurzeln, das Wesen des Mythos, das über Kulturen hinweg wirksam ist".

Die erste Ausstellung mythologischer Bilder fand 1942 in dem New Yorker Kaufhaus Macy's Department Store im Rahmen einer Gruppenausstellung statt. Zu den gezeigten Arbeiten gehörten *Antigone*, 1939/40 (Abb. S. 32), und *Ödipus*, 1940. Zuvor waren Werke Rothkos in der ersten Jahresausstellung der Federation of Modern Painters and Sculptors im Riverside Museum gezeigt worden. In der dritten Jahresausstellung der Federation wurden Rothkos *Syrian Bull* von 1943 und Gottliebs *Rape of Persephone* von 1943 gezeigt. Noch bevor die Ausstellung eröffnet wurde, erschien bereits Anfang Juni 1943 eine vorwiegend negative Kritik von Edward Alden Jewell in der *New York Times*, in der er ironisch seiner Irritation über die Werke von Rothko und Gottlieb Ausdruck verlieh. Am 6. Juni führte Jewell weiter aus, dass einer der Künstler sich angeboten habe, ihm in seiner „Ratlosigkeit beizustehen". So provozierte Jewell eine polemische Auseinandersetzung, die den beiden Malern Gelegenheit gab, in der *New York Times* eine Debatte über moderne Kunst zu führen. Am 13. Juni dann veröffentlichte er, unter der spöttischen Schlagzeile „Neues Programm in der Kunst. Weltbedeutung in Sicht!", einen von Rothko und Gottlieb unterzeichneten Antwortbrief auf seine Kritiken, den er ironisch glossierte. Er endete mit der Feststellung, dass ihr Text ebenso obskur sei wie ihre Gemälde. In ihrem Statement reagierten Rothko und Gottlieb auf Jewells Ignoranz ebenfalls mit süffisantem Unterton: „Für den Künstler stellen die Äußerungen des Kritikers ein Geheimnis dieses Lebens dar … Wir begrüßen seine ehrliche, ja, man kann sagen, herzliche Reaktion auf unsere ‚mysteriösen' Bilder … Und wir danken für das generöse Angebot, unsere Idee unter die Leute bringen zu dürfen."

Dennoch weigerten sich Rothko und Gottlieb beharrlich, Erklärungen zu ihren Bildern zu geben. Obwohl Rothko bis 1950 verschiedentlich kunsttheoretische Abhandlungen verfasst hatte, lehnte er es immer ab, seine Bilder zu interpretieren oder etwas über seine künstlerischen Techniken zu verraten. Später weigerte er sich generell, sich schriftlich über Kunst zu äußern. Obwohl Gottlieb und Rothko in der *New York Times* ihre mythologischen Bilder nicht erklären wollten, deuten die Künstler ihre Intentionen zumindest an, wenn sie von der Essenz, dem „Wesen des Mythos", in ihren Darstellungen sprechen: „Es ist nicht so, dass wir sie [die Bilder] nicht verteidigen, weil wir es nicht können. Es ist nämlich gar nicht schwer, dem ratlosen Betrachter erklärlich zu machen, dass *Der Raub der Persephone* ein poetischer Ausdruck des Wesens des Mythos ist. Das Bild zeigt das Wirkungsprinzip von Samen und Erde mit all seinen gewaltvollen Begleiterscheinungen. Es zeigt die Kraft elementarer Wahrheiten. Würden Sie wirklich haben wollen, dass wir eine abstrakte Idee wie diese mit ihren komplizierten Gefühlen präsentieren wie ein Bilderbuch für Kinder? Genauso leicht ist es den *Syrian Bull* zu erklären. Es ist eine Neudeutung eines alten Bildes, enthält aber noch nie da gewesene Verzerrungen. Da die Kunst aber zeitlos ist, hat die Verwendung eines Symbols heute ihre volle Berechtigung, unabhängig davon, wie alt es ist. Es hat die gleiche Berechtigung wie vor 3.000 Jahren, als es entstanden ist. Oder ist das alte etwa wahrer?"

Im Folgenden sprechen die Künstler zwei Punkte an, die für Rothkos späteres Werk von zentraler Bedeutung sein werden: erstens die Beziehung zwischen Bild

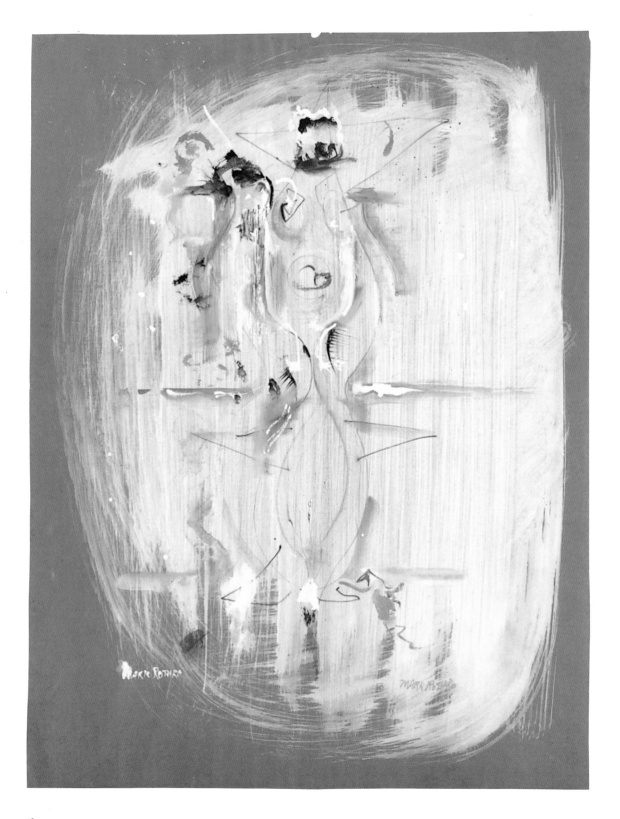

und Betrachter und zweitens die Vorstellung eines Bildes als durchdachte Idee, durch die prophetische und ethische Botschaften transportiert werden. Vor diesem Hintergrund verschleiern Interpretationen in den Augen der Künstler die weitaus bedeutendere visionäre Botschaft, die jenseits banaler Inhalte liegt: „Keine wie immer gearteten Anmerkungen können unsere Bilder erläutern. Diese Erläuterung muss durch den Austausch von Bild und Betrachter entstehen. Die Liebe zur Kunst ist eine ‚Gedankenehe' (…) Der entscheidende Punkt für uns ist nicht eine ‚Erklärung' der Bilder, sondern die Frage, ob die wesentlichen Ideen, die das Bild vermitteln soll, von Bedeutung sind."

Die anschließenden, manifestartig vorgetragenen ästhetischen Vorstellungen zeugen sowohl vom Einfluss des Gedankenguts des Surrealismus als auch dem der modernen abstrakten Kunst. Wegen des Krieges waren die führenden europäischen Surrealisten wie Max Ernst, Yves Tanguy, Robert Matta, André Masson und André Breton nach New York emigriert. 1942 – das erste Kriegsjahr für Amerika – war für das künstlerische New York das Jahr der Surrealisten. Das Museum of Modern Art veranstaltete Ausstellungen von Salvador Dalí und Joan Miró, gefolgt von Einzelausstellungen in Galerien von Masson, Ernst, Matta und Tanguy. Seit 1940 lebte auch der große Pionier der abstrakten Kunst, Piet Mondrian, in New York. Die kritische Auseinandersetzung mit seinem Werk trug, neben dem der Surrealisten, entscheidend zur Entstehung des Abstrakten Expressionismus bei. Rothko und Gottlieb sahen sich als neue, unabhängige Nachfolger der europäischen Avantgardekünstler. Sie suchten nach einer Vereinigung von Surrealismus und Abstraktion. Ihr in der *New York Times* veröffentlichtes Fünf-Punkte-Programm spiegelt diese Suche nach einem Neuanfang:

„Wir glauben, dass die Bilder unsere ästhetische Überzeugung wiedergeben, von denen wir hier einige anführen wollen:
1. Für uns ist die Kunst ein Abenteuer, das uns in eine unbekannte Welt entführt. Nur diejenigen, die aus freiem Willen dieses Wagnis auf sich nehmen, können diese Welt erforschen.
2. Diese Welt der Imagination ist der Phantasie überlassen und steht in krassem Gegensatz zum allgemeinen Denken des Menschen.
3. Unsere Aufgabe als Künstler ist es, die Menschen dazu zu bringen, die Welt so zu sehen, wie wir sie sehen, und nicht, wie sie sie sehen.
4. Wir befürworten die einfache Ausdrucksweise komplexen Denkens. Wir sind für große Formen, weil sie eindeutigere Wirkung haben. Wir wollen die Bildfläche wieder zur Geltung bringen. Wir sind für zweidimensionale Formen, weil sie die Illusion zerstören und wahrhaftig sind.
5. Es besteht unter Künstlern die weit verbreitete Meinung, dass es egal sei, was man darstelle, solange es gut gemacht sei. Das ist akademisch. Es gibt nichts Besseres als ein gutes Bild über nichts. Wir behaupten, dass der Stoff wesentlich ist und da wieder nur der Themenkreis, der tragisch und zeitlos ist. In diesem Punkt fühlen wir uns der primitiven, archaischen Kunst verwandt."

Sie beendeten ihren Text, indem sie sich entschieden gegen die Auffassung von Kunst als Dekoration wandten. Außerdem attackierten sie unverhohlen die amerikanischen Regionalisten und Sozialen Realisten sowie die künstlerischen Institutionen: „Wenn also ein Werk diese Überzeugungen transportiert, muss es zwangsläufig jene, die geistig auf Behübschung von Räumen eingestellt sind, desavouieren. Bilder für das Heim, Bilder zur reinen Dekoration, Bilder über Amerika und soziale Themen, Reinheit in der Kunst, Fließbandarbeiten, die auch

Untitled, 1944/45
Graphit, Tusche und Gouache auf Papier,
66 x 50,8 cm
Courtesy Christie's Images, New York

Homage to Matisse, 1954
Öl auf Leinwand, 268 x 129,5 cm
Collection The Edward R. Broida Trust

noch Preise gewinnen; National Academy, Whitney Academy, Ideologie des ‚Korngürtels', abgedroschener Schund etc."

Rothko und Gottlieb war es mit ihren Statements gelungen, eine öffentliche Kontroverse vom Zaun zu brechen. Sie verwandelten einen Angriff auf ihre künstlerische Produktion in eine Chance, ihre ästhetische Theorie und ihre künstlerischen Überzeugungen auf einer halben Seite in der *Sunday New York Times* zu formulieren und zu propagieren. Es heißt, der Maler Barnett Newman habe bei der Abfassung des Briefes mitgewirkt, ohne seinen Namen darunter zu setzen. Rothko wollte der Malerei zur gleichen Durchschlagskraft verhelfen wie sie die Musik und die Literatur besitzen. Er liebte nicht nur von früher Kindheit an die Musik, er fand in ihr darüber hinaus Inspiration und Trost; sie konnte ihn aber auch in Hochstimmung versetzen. Sie war ihm ein elementares Bedürfnis und er verstand sie – nach Schopenhauer – als eine universelle Sprache. Stundenlang konnte er auf der Couch liegen und Musik hören. Rothko liebte Mozart, dessen Musik ihn häufig beim Malen begleitete. Man darf vermuten, dass sein Anliegen, die Malerei auf die gleiche Stufe zu heben wie die Musik, auf die Lektüre von Nietzsches *Die Geburt der Tragödie* zurückzuführen ist, denn Rothko entdeckte Gemeinsamkeiten mit dem deutschen Philosophen, der sich ebenfalls durch Musikhören emotional stimulierte. Die Musik ist laut Nietzsche die eigentliche Sprache der Empfindung. In der *Geburt der Tragödie* entwirft der Philosoph das Bild der Tragödie als Synthese des Dionysischen und Apollinischen. Dionysos ist der Gott der „unbildlichen Kunst der Musik", Apollon der Vertreter der „Kunst des Bildners". In der Tragödie artikuliert sich für Nietzsche der Konflikt zwischen dem rauschhaft-überindividuellen dionysischen Urerlebnis der kultischen Vorzeit und der späteren Verbildlichung dieses Zustandes durch den apollinischen Formwillen. Tragische Kunst, in ihrer Verbindung von Schwermut und Heiterkeit, verschafft nach Nietzsche „metaphysischen Trost". Diese Sehnsucht nach einer metaphysischen Welt und die Verherrlichung des tragischen Mythos, ebenso wie Nietzsches Verehrung von Aischylos, haben Rothkos späteren Begriff von der Kunst als Drama geprägt.

Um der Malerei die Emotionalität der Musik im Sinne von Nietzsche zu verleihen, setzte Rothko die Auflösung der menschlichen Figur, die sich Anfang der 40er Jahre bereits vollzogen hatte, weiter in Richtung Abstraktion fort. In der Zeitschrift *Tiger's Eye* vom Oktober 1949 beschrieb Rothko diesen Prozess: „Die Weiterentwicklung der Arbeit eines Malers, die sich innerhalb der Zeit von Punkt zu Punkt bewegt, vollzieht sich in Richtung Klarheit." Auf der Suche nach Inspiration besuchte er in New York die Museen, begeisterte sich für Miró, für Corot im Metropolitan Museum und für *Das rote Zimmer* von Matisse im Museum of Modern Art. Er studierte das Gemälde über Monate jeden Tag. Später sah er darin die Quelle all seiner abstrakten Bilder. Wenn man dieses Bild betrachtet, so sagte er, „geht man ganz in der Farbe auf, wird man vollkommen von ihr durchtränkt"; als ob es Musik sei. Später gab er einem seiner Gemälde den Titel *Homage to Matisse* (Abb. S. 38).

Am 13. Juni 1943 trennten sich Rothko und seine Frau endgültig. Edith hatte inzwischen immer größeren Erfolg mit ihrem Geschäft. Sie konnte sogar einige Leute einstellen, die ihr bei der Produktion ihres Schmucks halfen. Sie hatte Rothko überredet, zeitweilig als Verkäufer in ihrem Laden zu arbeiten, doch der Künstler fühlte sich von der Forderung seiner Frau gedemütigt. Die Dauerkrise führte schließlich am 1. Februar 1944 zur Scheidung. Als Abfindung erhielt seine Frau mehrere Gemälde. „Für einen Künstler ist es eine unmögliche Situation, sich in einer Ehe zu binden", erklärte Rothko gegen Ende seiner Ehe einem

Freund. Rothko war über die Scheidung verbittert und kämpfte gegen eine lang andauernde Depression. Als er sich erholt hatte, reiste er nach Portland zu seiner Familie. Danach fuhr er nach Berkeley in Kalifornien, wo er seinen Künstlerkollegen Clyfford Still kennen lernte, mit dem er sich zwei Jahre später, als Still nach New York übergesiedelt war, anfreunden sollte.

Als Rothko im Herbst 1943 nach New York zurückkehrte, wurde er mit Peggy Guggenheim, der großen Sammlerin und Mäzenin, die 1941 mit Max Ernst nach New York emigriert war, bekannt gemacht. Peggy Guggenheim war Jüdin. Max Ernst, der nach Frankreich emigriert war, war nach dem Einmarsch der Deutschen in Paris in Südfrankreich interniert worden. Peggy Guggenheims künstlerischer Berater Howard Putzel überredete sie, Rothko in ihre Galerie „Art of this Century", die sie 1942 – mitten in den schlimmsten Kriegsjahren – eröffnet hatte, aufzunehmen. In den ersten Jahren stellte sie vornehmlich Surrealisten aus. In ihrer Galerie lernte Rothko Max Ernst kennen.

1944 machte der Fotograf Aaron Siskind Rothko mit Mary Alice (Mell) Beistle bekannt, die damals 23 Jahre alt war. Sie arbeitete als Illustratorin für Kinderbücher in dem Verlag McFadden. Die beiden verliebten sich ineinander und heirateten am 31. März 1945. Nach Aussagen von Freunden war Rothkos erste Ehe von vornherein zum Scheitern verurteilt, weil die Partner zu unterschiedlich in ihren Temperamenten waren: Er war ein Romantiker, während Edith äußerst pragmatisch war. Mell dagegen war jung, hübsch, warmherzig und bewunderte Rothko als Künstler auf eine Art und Weise, wie es Edith nie getan hatte.

1945 war insgesamt ein vielversprechendes Jahr für Rothko. Im Januar erklärte sich Peggy Guggenheim bereit, in ihrer Galerie seine erste Einzelausstellung auszurichten. Nur wenige Gemälde zum Preis von $ 150 bis 750 wurden verkauft. In dem unsignierten Text für diese Ausstellung, der offenbar von Howard Putzel stammte, hieß es: „Rothkos Stil hat etwas latent Archaisches (…) Rothkos Symbole, Fragmente von Mythen, werden durch eine freie, fast automatische Kalligraphie zusammengehalten, die seinen Gemälden eine spezielle Einheitlichkeit verleiht – eine Einheitlichkeit, durch die das einzelne Symbol seine Bedeutung erhält, also gerade nicht aus der Vereinzelung, sondern durch seine melodische Anpassung an die Elemente im Bild. Es ist dieses Gefühl der inneren Verschmelzung, des historisch Bewussten wie des Unbewussten, das in der Lage ist, sich weit über die Grenzen des Bildraums hinaus auszudehnen, und eben daraus bezieht Rothkos Werk seine Kraft und seine Wesensmerkmale. Das soll aber nicht heißen, dass die Bilder, die von Rothko geschaffen wurden, nur hauchdünne Evokationen des spekulativen Geistes sind, vielmehr sind sie der konkrete, der greifbare Ausdruck der Intuitionen eines Künstlers, für den das Unterbewusstsein nicht das fernere, sondern das nähere Ufer der Kunst darstellt."

Die Aufnahme der Ausstellung in der Presse, auf die Rothko große Hoffnungen gesetzt hatte, war für ihn enttäuschend. Die Tageszeitungen ignorierten das Ereignis ganz einfach. Die Kunstzeitschriften brachten nur kurze Besprechungen. Als Reaktion auf die Kritiken schrieb Rothko: „Ich bestehe auf der gleichberechtigten Existenz der Welt, die im Geist entsteht, und der Welt, die außerhalb des Geistes von Gott geschaffen wurde. Wenn ich auf die Verwendung vertrauter Gegenstände verzichtet habe, so darum, weil ich mich weigere, ihr Erscheinungsbild zugunsten einer Aktion zu verstümmeln, der zu Diensten zu sein sie zu alt sind, oder für die sie wahrscheinlich niemals gedacht waren." Er fuhr fort: „Ich streite mit Surrealisten und abstrakter Kunst nur in der Weise, wie man mit seinem Vater und seiner Mutter streitet; ich anerkenne die Unausweichlichkeit und die Funktion meiner Wurzeln, aber ich beharre auf meiner abweichenden Meinung;

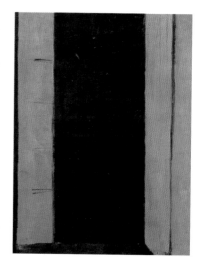

Henri Matisse
Fenêtre à Collioure, 1914
Öl auf Leinwand, 116,5 x 89 cm
Paris, Musée National d'Art Moderne,
Centre Georges Pompidou

Clyfford Still
Painting, 1951
Öl auf Leinwand, 237 x 192,5 cm
Detroit, Detroit Institute of Art

ich bin sowohl einer von ihnen als auch jemand Eigenständiges, der von ihnen völlig unabhängig ist."

Rothko löste sich geistig 1943 vom Surrealismus, da dieser nicht mehr seinen humanistischen Idealen entsprach, sondern primär vom Unbewussten und den Gegenständen des Alltagslebens zehrte. Rothko sagte: „Mir sind der Gegenstand wie auch der Traum bei weitem zu lieb, als dass ich wünschte, sie in der Immaterialität von Gedächtnis und Halluzination aufgelöst zu sehen. Der abstrakte Künstler hat vielen ungesehenen Welten und Zeiten materielle Existenz verliehen. Aber ich weise seine Negierung des Anekdotischen zurück, wie ich auch die Negierung der materiellen Existenz zurückweise. Für mich ist nämlich die Kunst eine Anekdote des Geistes und die einzige Möglichkeit, das Anliegen seiner so variablen Schnelligkeit und Stille konkret zu machen."

Rothko beteiligte sich an der jährlichen Ausstellung für zeitgenössische Kunst im Whitney Museum of American Art in New York. Danach nahm er noch an acht weiteren Whitney-Jahresausstellungen teil, die letzte war 1950. In der Zeitschrift *Art News* nannte man Rothko einen „mythomorphischen Abstraktionisten". Im Sommer 1946 organisierten zwei kalifornische Museen, das San Francisco Museum of Art und das Santa Barbara Museum of Art, Ausstellungen mit Rothkos Gemälden (Abb. S. 25). Die Familie Rothko lebte zeitweise in Kalifornien, wo er an der California School of Fine Art unterrichtete. Bei dieser Gelegenheit sah er Arbeiten von Clyfford Still. Von ihm sagte Rothko, er mache „neue und wunderschöne Abstraktion. Stills Ausstellung hat sowohl meinen Studenten als auch allen anderen Leuten, die ich traf, den Atem genommen."

Clyfford Still, der aus North Dakota stammte, hatte etwas Herausforderndes und war äußerst selbstbewusst. Er widersetzte sich jeglicher Intellektualisierung der Kunst. Er interessierte sich für Energieströme und Intuition und ließ alle europäischen Einflüsse außer Acht, die er als dekadent empfand. Stills aggressive Arroganz und seine trotzige Auflehnung gegen die europäische Malerei und den Kunstbetrieb beeindruckten Rothko sehr und bestärkten ihn auf seinem Weg zu ähnlich kompromisslosen Bildern. In einer Zeit, als Rothko in eine Phase des kühnen Experimentierens getreten war, war Still, der bereits abstrakt malte, derjenige, der Rothko stimulierte und ermutigte. Als Still im Sommer 1945 nach New York gezogen war, besuchte ihn Rothko in seinem Atelier in Greenwich Village. Dort bekam er große Leinwände zu sehen, die etwas Düsteres und Rohes hatten und einen starken Eindruck auf ihn machten. Stills großformatige Bilder waren gänzlich unfigurativ und bestanden aus großen, unbearbeiteten Flächen von matter, dunkler Farbe mit zackigen Rändern und hell durchscheinenden Flächen (Abb. S. 40). Einmal nannte er diese Arbeiten „Lebenslinien", ein anderes Mal sagte er, dass „seine fließenden, oft flammenartigen, vertikalen Formen von den Ebenen North Dakotas beeinflusst seien. Es sind lebende Gebilde, die aus der Erde aufragen". Still war in seiner künstlerischen Entwicklung weiter als Rothko und seine Freunde Gottlieb und Newman. Er hatte seine surrealistische Phase bereits hinter sich gelassen. Rothko erzählte Peggy Guggenheim von ihm, und innerhalb kürzester Zeit bot sie Still eine Einzelausstellung in ihrer Galerie an. Während Rothko und Still einander näher kamen, hatten Adolph Gottlieb und Barnett Newman Vorbehalte gegenüber diesem arroganten Neuankömmling.

Rothko selbst schrieb den Text für den Katalog zu Stills Ausstellung in Peggy Guggenheims Galerie. Es heißt, dass Still später gesagt habe, es wäre ihm lieber gewesen, Rothko hätte dies nicht getan, denn er befürchtete, dass Rothko ihn für seine eigenen Zwecke benutze. Rothko fand, dass Stills Gemälde „von der Erde, den Verdammten und den Neuerschaffenen" wären. Ein weiterer Künstler, der

OBEN LINKS:
Untitled, 1944
Aquarell auf Papier, 100,3 x 69,9 cm
Sammlung Kate Rothko-Prizel

OBEN RECHTS:
Nocturnal Drama, um 1945
Gouache auf Papier, 55,9 x 40,3 cm
Courtesy Christie's Images, New York

Rothkos Aufmerksamkeit auf sich zog, war der junge Robert Motherwell. Auch Motherwell gehörte wie Rothko, Pollock und Baziotes zu den Künstlern der Guggenheim-Galerie, die als „kleine Bande von Mythenmachern, die während des Krieges hier aufgetaucht sind" bezeichnet wurden. Rothko machte Motherwell auch mit seinen Malerfreunden Barnett Newman, Adolph Gottlieb, Bradley Walker Tomlin und Herbert Ferber bekannt.

1947 hatte man Rothko nach Kalifornien eingeladen, um in den Sommersemestern an der California School of Fine Arts in San Francisco zu unterrichten. Die Studenten mochten ihn sehr und sahen ihn als einen wirklichen Lehrmeister an. Die Atmosphäre an dieser Kunsthochschule motivierte ihn, und diese Motivation konnte er seinen Schülern offenbar gut vermitteln. In diesem Sommer entwickelten Rothko und Clyfford Still die Idee, eine eigene, freie Kunstschule zu gründen. Das Projekt wurde 1948 in New York gemeinsam mit David Hare, Robert Motherwell und William Baziotes als „The Subjects of the Artist School" verwirklicht und bestand bis 1949. In dieser relativ kurzen Zeitspanne war es den beteiligten Künstlern gelungen, ein lebendiges Gesprächsforum über die aktuelle Kunst in den USA ins Leben zu rufen. Durch Vermittlung von Motherwell machte Rothko zu dieser Zeit die Bekanntschaft von Bernard J. Reis, einem Steuerberater, der sich auf Testamentsvollstreckungen und Nachlassverwaltungen von Künstlern sowie auf Stiftungen und Steuerfragen von Künstlern spezialisiert

Robert Motherwell
Elegy to the Spanish Republic No. 34, 1953/54
Öl auf Leinwand, 203 x 254 cm
Buffalo, NY, Albright-Knox Art Gallery,
Gift of Seymor H. Knox

hatte. Zu seinen Klienten gehörten Adolph Gottlieb, Franz Kline, Willem De Kooning, Robert Motherwell, Naum Gabo, William Baziotes, Larry Rivers, Theodoros Stamos, Jacques Lipchitz und andere. Reis und seine Frau waren auch selbst zu Kunstsammlern geworden, indem sie als Gegenleistung für geschäftliche Dienste von den Künstlern Werke erhielten. In ihrem Haus in New York bewirteten sie ihre Künstler immer mit großem Aufwand. Reis war auch der Steuerberater der Marlborough Gallery. Diese Geschäftsverbindung sollte sich Rothko später sowohl als sehr wertvoll wie auch sehr problematisch erweisen.

Gegen Ende 1947 kamen zwei neue Kunstpublikationen auf den Markt. Die eine hieß *Tiger's Eye*, die andere *Possibilities*. Für beide schrieb Rothko Texte, in denen er seine Überzeugungen und Vorstellungen zum Ausdruck brachte. Einen Schlüsseltext mit dem Titel „The Romantics were Prompted" veröffentlichte er im Winter 1947/48 in *Possibilities*. Es ist die erste und einzige ausführliche Stellungnahme zu seinem Werk. Darin heißt es: „Ich sehe meine Bilder als Dramen und die Figuren darin als Schauspieler. Sie sind entstanden aus dem Bedürfnis nach einer Gruppe von Schauspielern, die in der Lage sind, sich auf der Bühne ungehemmt und ohne Scham zu bewegen." „Für mich sind die größten Errungenschaften des Jahrhunderts jene, in denen der Künstler das Wahrscheinliche und Vertraute zu seinem Thema gemacht und die einzelne menschliche Figur dargestellt hat – allein in einem Moment größter Erstarrung." Der Essay endet mit den Worten: „Ich glaube nicht, dass es darum geht, ob man abstrakt oder figurativ malt. Es geht darum, diese Ruhe und Einsamkeit zu beenden und wieder atmen und die Arme ausstrecken zu können." Im Oktober 1949 schrieb er in der gleichen Zeitschrift, dass er Klarheit als die Eliminierung aller Hindernisse zwischen Maler und Idee sowie zwischen Idee und Betrachter verstehe. Er beschrieb seine Malerei erneut als „Dramen", die „als unbekanntes Abenteuer in einem unbekannten Raum" beginnen. Rothko verfasste diese Texte, als er seine mythologische Phase aufgab und begann, systematisch alle figurativ wirkenden Elemente aus seinen Bildern zu eliminieren. Er spricht von der Sehnsucht nach transzendenten Erfahrungen, die er in seinem reifen Werk zum eigentlichen Inhalt seiner Bilder machen wird.

Im Frühjahr 1946 hatte die junge Kunsthändlerin Betty Parsons in der Galerie von Mortimer Brandt eine Ausstellung mit Rothkos Aquarellen organisiert, die äußerst erfolgreich gewesen war. Ein halbes Jahr später eröffnete Betty Parsons ihre eigene Galerie und ermöglichte Rothko im März 1947 dort eine Einzelausstellung. Noch im gleichen Jahr nahm sie ihn unter Vertrag, und Rothko sicherte ihr die alleinige Vermarktung seiner Bilder zu. Mit 44 Jahren hatte Rothko nun zum ersten Mal eine feste Verbindung zu einer Galerie, in der er bis 1951 regelmäßig ausstellte. Sein gesamtes Einkommen belief sich in diesem Jahr auf insgesamt $ 1.395, sein Lehrergehalt mit eingerechnet. Die Arbeiten, die er zwischen 1946 und 1948 bei Betty Parsons ausstellte, lassen den Eindruck entstehen, dass Rothko noch immer surrealistisch malte. Tatsächlich hatte er jedoch in dieser Zeit bereits begonnen, mit neuen Formen zu experimentieren.

No. 15, 1949
Öl auf Leinwand,
170 x 104,4 cm
Privatbesitz

Multiforms – Der Weg zu den „klassischen" Gemälden

Das Jahr 1946 bezeichnet einen Wendepunkt in Rothkos Schaffen. Es entstand eine neue Serie von Bildern, die so genannten „Multiforms", die als Übergang auf dem Weg zu seinen „klassischen" abstrakten Gemälden betrachtet werden können. Er selbst hat für seine Arbeit niemals den Begriff Multiforms verwendet, doch nach seinem Tod im Jahr 1970 wurde er in der Kunstkritik gebräuchlich. Rothko begann, die bisherigen Themen und Motive seiner Bilder – Mythos und Symbolik, Landschaften und Menschen – aufzugeben und eine zunehmend ungegenständliche Bildsprache zu entwickeln. Die in der Mitte der 40er Jahre vorherrschenden biomorphen Formen wurden zu vielgestaltigen, verschwommenen Farbflecken ohne Festigkeit und Schwere, die organisch aus dem Bildinneren herauszuwachsen scheinen. Rothko verlieh ihnen Transparenz und Leuchtkraft, indem er dünne Farbschichten auf die Leinwand und übereinander auftrug. „Organismen" mit der „Leidenschaft zur Selbstbehauptung" nannte er seine Formen, die sich in dem Moment verselbstständigten, in dem der Künstler ein Bild beendet habe. Rothko wies seinen Bildobjekten die Eigenschaften von Lebewesen zu und machte sie somit zu Bedeutungsträgern für grundsätzliche menschliche Empfindungen: „Ich möchte ohne Vorbehalt sagen, dass es meiner Ansicht nach keine Abstraktionen geben kann. Jede Form oder jeder Bereich auf der Bildfläche, der nicht die pulsierende Konkretheit von Fleisch und Knochen hat, nicht deren Verletzlichkeit, Empfänglichkeit für Freude oder Schmerz, ist einfach gar nichts. Ein Bild, das nicht die Umgebung bereitstellt, in die der Atem des Lebens eingesogen werden kann, interessiert mich nicht."

Einen Teil des Sommers 1948 verbrachte Rothko zum Arbeiten in East Hampton auf Long Island. Am Ende des Aufenthaltes lud er einige Freunde und Bekannte ein, um ihnen seine neuen Multiforms zu präsentieren. Der Kunstkritiker Harold Rosenberg erinnert sich: „Ich fand sie phantastisch. Es war der eindrucksvollste Besuch bei einem Künstler, den ich je hatte." Im darauf folgenden Winter fand Rothko zu seiner endgültigen Bildsprache. Nach einigen Monaten der Krise, hervorgerufen durch den Tod seiner Mutter Kate im Oktober 1948, stellte Rothko im Frühjahr 1949 zum ersten Mal seine ausgereiften Bilder bei Betty Parsons aus. Die amorphen Farbflecken der Multiforms, die zum Teil noch an gegenständliche Darstellungen erinnerten, waren nun auf zwei oder drei rechteckige, symmetrisch übereinander geschichtete Farbformationen reduziert worden. Rothko vergrößerte sein Bildformat und löste die einzelnen Farbblöcke

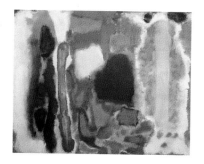

No. 26, 1948
Öl auf Leinwand, 85 x 114,8 cm
Privatbesitz

No. 18, 1948
Öl auf Leinwand, 116,6 x 141 cm
Tel Aviv, Sammlung Joseph Hackmey

Untitled, 1948
Öl auf Leinwand, 127,6 x 109,9 cm
Sammlung Kate Rothko-Prizel

von den Rändern, so dass der Eindruck von Farbräumen entstand, die vor einem unbestimmten Hintergrund schweben.

Die Bilder in der Ausstellung trugen keine beschreibenden Titel mehr, wie Rothko sie noch in seiner surrealistischen Phase verwendet hatte. Er benutzte von nun an nie mehr Rahmen, Titel oder Beschreibungen für seine Bilder, sondern nur noch Nummern und Jahreszahlen. Einige seiner Kunsthändler fügten die Nennung der Farben hinzu.

Von 1949 bis 1956 malte Rothko fast ausschließlich Ölbilder, meist Hochformate, deren Abmessungen manchmal über 300 cm in der Höhe betrugen. Sein Anliegen war es, durch die Größe seiner Bilder beim Betrachter den Eindruck zu erwecken, gleichsam selbst im Bild zu stehen: „Ich male sehr große Bilder. Mir ist klar, dass historisch gesehen das Malen von großformatigen Bildern so viel bedeutet, wie etwas sehr Großartiges und Pompöses zu malen. Doch der Grund, warum ich sie male – und das trifft wohl auch auf andere Maler, die ich kenne, zu – liegt genau darin, dass ich sehr intim und menschlich sein möchte. Ein kleines Bild zu malen heißt, sich außerhalb des Erfahrungsbereiches zu stellen, bedeutet auf seine Erfahrungen von allen Seiten gleichzeitig wie mit einem Verkleinerungsglas hinunterzublicken. Wenn man ein großes Bild macht, ist man mittendrin. Man kann nicht darüber verfügen." Der ideale Abstand zum Betrachten seiner Bilder betrüge 45 cm, meinte Rothko. Auf diese Weise wird der Betrachter in die Farbräume hineingezogen und erfährt ihre innere Bewegung und das Fehlen klarer äußerer Begrenzungen sowohl als Unbehagen vor dem Nicht-Fassbaren wie auch als Freiheit, die Grenzen der menschlichen Existenz zu überschreiten.

Obwohl Rothko grundsätzlich das gesamte Farbspektrum ausschöpfte, ist zu beobachten, dass in jeder Schaffensphase bestimmte Farbtöne vorherrschen. Bis zur Mitte der 50er Jahre verwendete er nur gelegentlich dunklere Blau- und Grüntöne, zumeist jedoch strahlende, kräftige Gelb- und Rottöne, die sinnlich

Untitled, 1948
Öl auf Leinwand, 98,4 x 63,2 cm
Privatbesitz

„Was ich an Rothko besonders mochte, war, dass es bei ihm keine richtige Idee im Gemälde gab. Es war da in seiner Unmittelbarkeit, einfach reine Abstraktion. Wenn ich an Werke denke, dann zuerst an die Farbe, die Fülle, die Lichterfülltheit und das Strahlen, das von der Farbe ausgeht und so überwältigend ist. Die *Dark paintings* interessieren mich nicht so sehr … Rothkos Sinn für Proportionen zeigt sich in einem Gemälde, sagen wir aus einer großen gelben Fläche mit darüber gelegtem Weiß, einer dünnen Schicht Schwarz darüber, mit Weiß überdeckt und gemischt mit Grau, und dann eine sehr kleine schwarze Fläche mit Rot am unteren Rand mit ein wenig Farbe, die an den Ecken übersteht. Der Farbauftrag ist auch sehr wichtig. Ich bewundere Rothkos Pinselstrich … man spürt förmlich, wie er die Leinwand liebkost. Seine Malerei scheint zu glühen und die Farbe zu absorbieren."
ELLSWORTH KELLY, 1997

No. 24 (Untitled), 1951
Öl auf Leinwand, 236,9 x 120,7 cm
Tel Aviv, Tel Aviv Museum of Art, Gift of
The Mark Rothko Foundation, Inc., 1986

und geradezu ekstatisch wirken. Rothko mischte seine Farben größtenteils selbst. Auf die unbehandelte, nicht grundierte Leinwand trug er – ähnlich wie ein Bühnenmaler – eine dünne Schicht Leim auf, in den Farbpigmente gemischt waren, und festigte diesen Untergrund anschließend mit Ölfarbe, die er um die ungerahmten Ränder herum laufen ließ. Auf diese räumlich wirkende Grundierung trug Rothko dann die Farbmischungen auf, die mitunter so stark verdünnt waren, dass die Pigmentpartikel kaum noch an der Oberfläche hafteten. Dadurch erreichte er die Transparenz und innere Leuchtkraft seiner Bilder. Die einzelnen Farbschichten trug er sehr schnell und mit leichter Pinselführung auf; er stellte sich vor, dass die Farbe auf die Leinwand „gehaucht" werden solle. Die annähernd symmetrische Grundstruktur, die Rothko für seine klassischen Gemälde gefunden hatte, bietet – ähnlich wie die Sonatenform in der Musik – die Möglichkeit zu vielfältigen Farbvariationen und zur Intensivierung des malerischen Ausdrucks; der dramatische Konflikt in Rothkos Bildern entsteht durch die spannungsreichen Farbkontraste, die sich in ihrer Wirkung gegenseitig verstärken sowie durch den Gegensatz von Eingrenzen und Ausbrechen, von Festhalten und Schweben, den Rothko als „tragisch" bezeichnete.

Im Frühjahr 1950 reiste Rothko mit seiner Frau Mell zum ersten Mal nach der Emigration seiner Familie aus Russland wieder nach Europa. Mit einer kleinen Erbschaft, die Mell nach dem Tod ihrer Mutter gemacht hatte, konnten sie sich eine fünfmonatige Reise durch England, Frankreich und Italien leisten, auf der sie die wichtigsten europäischen Museen besichtigten. Rothko war ein großer Verehrer der europäischen Kunst, betonte aber auch immer wieder die Autonomie der jungen amerikanischen Malerei. Paris enttäuschte Rothko sehr, dafür fand er in Italien teilweise das, was er sich erhofft hatte. Vor allem die Fresken Fra Angelicos im Kloster San Marco in Florenz mit ihrem überirdischen Licht und ihrer meditativen Ruhe beeindruckten Rothko sehr. In Rom erfuhr Rothkos Frau Mell, dass sie schwanger sei. Am 30. Dezember 1950 brachte Mell eine Tochter zur Welt, die den Namen Kathy Lynn erhielt, die sie jedoch nach dem amerikanischen Namen von Rothkos Mutter „Kate" riefen.

Rothko hatte die lange Reise nach Europa unter anderem auch deshalb angetreten, um sich vom angestrengten Arbeiten und der zermürbenden Vermarktung seiner Bilder zu erholen. Sein Verhältnis zur Kunstwelt war in den frühen 50er Jahren sehr zwiespältig. Zwar erhielt er wachsende Anerkennung, verdiente aber immer noch zu wenig Geld, um seine Familie zu ernähren. So war beispielsweise der Verkauf eines Bildes an Mrs. John D. Rockefeller III. für $ 1.000 wichtig für sein Prestige. Der Verkauf war durch die Vermittlung des Architekten Philip Johnson zustande gekommen. Johnson war es auch, der auf Wunsch von Alfred Barr, dem Direktor des Museum of Modern Art, das Bild *Number 10*, 1950, erwarb und dem Museum stiftete. Alfred Barr wünschte einen Rothko für die Sammlung des Museums zu besitzen, wusste jedoch, dass das Kuratorium dem Kauf nicht zustimmen würde. Deshalb wählte er den Umweg über Johnson, weil er sicher sein konnte, dass das Kuratorium es nicht wagen würde, eine solche Schenkung zurückzuweisen. Allerdings wurde das Gemälde zwei Jahre lang im Lager aufbewahrt, und A. Conger Goodyear, Mitbegründer des Museums, gab sogar seine Mitgliedschaft aus Protest gegen das Bild auf.

Neben seinen beiden Einzelausstellungen in der Betty Parsons Gallery 1950 und 1951 war Rothko Anfang der 50er Jahre in zahlreichen Ausstellungen in den Vereinigten Staaten und auch weltweit – in Tokio, Berlin, Amsterdam und São Paulo – vertreten. 1952 wurde er zur Teilnahme an der von Dorothy Miller kuratierten Ausstellung „Fifteen Americans" im Museum of Modern Art in New York

No. 3 / No. 13 (Magenta, Black, Green on Orange), 1949
Öl auf Leinwand, 216,5 x 163,8 cm
New York, The Museum of Modern Art, Bequest of Mrs. Rothko through The Mark Rothko Foundation, Inc., 1981

No. 5 (Untitled), 1949
Öl auf Leinwand, 215,9 x 160 cm
Norfolk, VA, The Chrysler Museum of Art, Bequest of Walter P. Chrysler Jr.

Installationsansichten, Sidney Janis Gallery
New York, 1961 und 1964

*No. 61 (Rust and Blue) [Brown, Blue, Brown
on Blue],* 1953
Öl auf Leinwand, 294 x 232,4 cm
Los Angeles, The Museum of Contemporary
Art, The Panza Collection

eingeladen. Die Ausstellung sprach der abstrakten Kunst, die von Rothko und seinen Künstlerfreunden wie Still, Pollock oder Baziotes entwickelt worden war, den „führenden Trend in der amerikanischen Malerei in der Zeit um die Mitte des Jahrhunderts zu". Rothko bestand darauf, seine Gemälde in der Ausstellung selbst zu hängen und zu beleuchten. Das ging nicht ohne Spannungen mit der Kuratorin ab. Die Ausstellung wurde von der Kritik sehr gut aufgenommen. Da Rothko aber Einwände erhob, die Ausstellung auch an anderen Orten zu zeigen, wurde der Plan, sie nach Europa zu schicken, wieder aufgegeben.

Die Ausstellung war der Anlass für erste Verstimmungen zwischen Rothko und Barnett Newman, weil Rothko laut Newman angeblich versucht hatte, seine Teilnahme zu verhindern. Die Gruppe der Abstrakten Expressionisten, die zumindest ein gemeinsamer Durchsetzungswille verbunden hatte, brach immer mehr auseinander, je mehr Erfolg und Anerkennung einige von ihnen erhielten. Innerhalb der Gruppe begann man über Führungspositionen, über Integrität und Autonomie zu streiten. Als das Magazin *Fortune* Mitte der 50er Jahre Rothkos Kunst als eine gute Geldanlage bezeichnete, verschlechterte sich das Verhältnis zwischen Rothko und den beiden kompromisslosen Künstlern Still und Newman noch weiter. Sie beschuldigten Rothko eines krankhaften Verlangens nach bürgerlicher Anerkennung und stempelten ihn als „Verräter" ab. Still schrieb an Rothko und forderte ihn auf, ihm sämtliche Gemälde zurückzugeben, die sie im Laufe der Jahre ausgetauscht hatten, da Leute versuchten, aus seinen Gemälden Kapital zu schlagen. Rothko gab tatsächlich die Gemälde zurück. Damit war ihre Freundschaft beendet. Der Bruch mit den beiden langjährigen Weggefährten setzte Rothko sehr zu, und trotz seiner Bemühungen gelang es ihm nicht, ihr Verhältnis wieder zu verbessern.

Erst Mitte der 50er Jahre stabilisierte sich Rothkos finanzielle Lage allmählich. Neben verschiedenen Lehrtätigkeiten, unter anderem am Brooklyn College, die ihm ein einigermaßen geregeltes Einkommen sicherten, begann er nun auch mit seiner Kunst Geld zu verdienen. Im Oktober 1954 lud Katherine Kuh, Kuratorin am Art Institute of Chicago, Rothko zu einer Einzelausstellung in ihrem Museum ein. Aus diesem Anlass kaufte das Museum ein Gemälde von ihm für $ 4.000. Der erfolgreiche New Yorker Kunsthändler Sidney Janis bekundete Interesse, Rothko in seine Galerie aufzunehmen, in der er bereits Jackson Pollock und Franz Kline vertrat. Rothko verließ Betty Parsons und unterschrieb bei Sidney Janis. Im Jahr 1955 stellte die Galerie von Janis zwölf Rothko-Gemälde aus, wodurch Rothko, wie der Kritiker Thomas Hess schrieb, internationale Bedeutung als einer der Protagonisten der modernen Kunst der Nachkriegszeit erlangte. Auch Janis ließ – ebenso wie Betty Parsons – Rothko seine Bilder selbst hängen. Nur bei der Beleuchtung der Räume gab es immer wieder Spannungen zwischen Künstler und Galerist. Rothko forderte ein gedämpftes Licht, das seinen Bildern etwas Geheimnisvolles verleihen sollte, Janis empfand die düstere Galerie als trostlos. Von diesem Zeitpunkt an beharrte Rothko stets darauf, seine Bilder bei gedämpftem Licht zu präsentieren. Sidney Janis vermarktete Rothkos Arbeiten wesentlich besser als Betty Parsons. Auch während der Rezession von 1958 verkaufte er 13 Gemälde für über $ 20.000. Im selben Jahr war Rothko im Pavillon der Vereinigten Staaten bei der 29. Biennale in Venedig vertreten, die große Bedeutung für die Durchsetzung der amerikanischen Malerei in Europa erlangte.

Trotz wachsender Anerkennung fühlte Rothko sich oft unverstanden oder behauptete zumindest immer wieder, dass man ihn missverstehe. Offensichtlich machte jeder Versuch der Interpretation seiner Bilder den Maler ungehalten: „Er wollte, dass das Ich in seinen Bildern schwer fassbar, frei bleibt", beschreibt James

No. 14 / No. 10 (Yellow Greens), 1953
Öl auf Leinwand, 195 x 172,1 cm
Los Angeles, Estate of Frederik R. Weisman

No. 2 (Blue, Red and Green)[Yellow, Red, Blue on Blue], 1953
Öl auf Leinwand, 205,7 x 170,2 cm
Schweiz, Privatbesitz

OBEN:
Untitled (Blue, Yellow, Green on Red), 1954
Öl auf Leinwand, 197,5 x 166,4 cm
New York, The Whitney Museum of American Art

RECHTS:
Saffron, 1957
Öl auf Leinwand, 177 x 137 cm
Liechtenstein, Privatbesitz

Breslin. Rothko betrachtete seine Formen als etwas Lebendiges, als etwas, das jenseits des Materiellen liegt: „Meine Kunst ist nicht abstrakt; sie lebt und atmet", sagte er. Und ebenso, wie ein Bild in Gesellschaft eines sensiblen Betrachters auflebe, könne die Reaktion des Betrachters aber auch tödlich sein. Ab 1950 hörte Rothko auf, sich zu seinen Gemälden zu äußern. „Schweigen ist so zutreffend", sagte er und fügte hinzu, dass Worte nur den Geist des Betrachters „paralysierten". In einem Gespräch stellte Rothko fest: „Vielleicht haben Sie bemerkt, dass in meinen Gemälden zwei Charakteristika existieren: Entweder sind die Flächen expansiv und drängen in alle Richtungen nach außen, oder die Flächen ziehen sich zusammen und drängen in alle Richtungen nach innen. Zwischen diesen beiden Polen können Sie alles finden, was ich zu sagen habe."

Rothko weigerte sich immer mehr, mit der New York School identifiziert zu werden. Ebenso hasste er es, als großer Kolorist bezeichnet zu werden. In einem Interview sagte er zu Selden Rodman: „Außerdem können Sie noch eine andere Sache klarstellen, ich bin kein abstrakter Künstler … Ich interessiere mich nicht für die Beziehung von Farbe zur Form oder irgendetwas in der Art. Mich interessiert nur, grundlegende menschliche Empfindungen zum Ausdruck zu bringen, Tragödie, Ekstase, schicksalhaftes Verhängnis und solche Dinge. Die Tatsache, dass viele Menschen zusammenbrechen und weinen, wenn sie mit meinen Bildern konfrontiert sind, beweist, dass ich solche grundlegenden menschlichen Empfindungen zum Ausdruck bringen kann … Leute, die vor meinen Bildern weinen, machen dieselbe religiöse Erfahrung, die ich gemacht habe, als ich sie gemalt habe. Und wenn Sie, wie Sie gesagt haben, nur durch ihre Farbbeziehungen angesprochen werden, dann entgeht Ihnen das Entscheidende."

Aus Angst vor einer zu eindimensionalen Zuordnung weigerte sich Rothko zuzugeben, dass ihn das Medium Farbe interessiere, obwohl die Tatsache offensichtlich war, dass Farbe sein wesentliches Ausdrucksmittel war. „Da es keine Linie gibt", sagte er zu Elaine De Kooning, „was bleibt sonst noch übrig, womit man noch malen könnte." Bei anderer Gelegenheit behauptete er: „Farbe war vor allem ein Werkzeug." Formale Gestaltungsmittel dienten Rothko lediglich als Mittel, um die Erfahrung einer transzendenten Wirklichkeit zu vermitteln. Für ihn hatten farbliche Ausdehnungen, also Farbflächen, mystische Kraft, die sie auf den Betrachter übertrugen. Ab 1957 und in den späteren Jahren tendierte Rothko zunehmend zu einer dunkleren Palette. Er verwendete nun immer weniger Rot-, Gelb- und Orangetöne, sondern wendete sich dunkleren Farben wie Braun, Grau, Dunkelblau und Schwarz zu. Bei der zweiten Einzelausstellung in der Galerie von Sidney Janis im Jahr 1958 waren Rothkos Bilder weniger zugänglich, dunkler und geheimnisvoller geworden.

Untitled (White on maroon), 1954 (1959?)
Öl auf Papier auf Masonit,
96,5 x 63,5 cm
Privatbesitz

No. 7 (Dark over Light), 1954
Öl auf Leinwand, 228,3 x 148,6 cm
Kalifornien, The Semel Collection

SEITE 56:
Untitled, 1959
Öl auf Papier auf Masonit,
95,8 x 62,8 cm
Privatbesitz

OBEN:
No. 15, 1952
Öl auf Leinwand, 232,4 x 210,3 cm
Privatbesitz

RECHTS:
Untitled, 1952
Tempera auf Papier, 101,9 x 68,7 cm
Sammlung Christopher Rothko

Rothkos *Murals* und
das Aufkommen der Pop-Art

Mitte des Jahres 1958 erhielt Rothko den Auftrag, einen Raum im gerade fertig gestellten Seagram Building an der Park Avenue in New York mit Wandgemälden auszustatten. Das von Mies van der Rohe gemeinsam mit Philip Johnson erbaute Hochhaus ist bis heute Sitz des traditionsreichen Getränkeherstellers Joseph E. Seagram & Sons. Am 25. Juni erging der offizielle Auftrag an Rothko: Er sollte „Dekorationen" für eine Fläche von etwa 50 Quadratmetern erstellen. Es wurde ein Honorar von $ 35.000 ausgehandelt, davon $ 7.000 als Anzahlung, der Rest zu gleichen Teilen über vier Jahre verteilt. Der Raum, den Rothko „dekorieren" sollte, war das „Four Seasons"-Restaurant, das als Restaurant der obersten Kategorie geplant war. Es war das erste Mal, dass Rothko eine zusammenhängende Gruppe von Bildern schuf und auch das erste Mal, dass er für einen ganz bestimmten Raum arbeitete. Der Speisesaal war lang und schmal. Die Bilder mussten, um überhaupt gesehen zu werden, über den Köpfen der Gäste hängen und nicht, wie Rothko es bislang bevorzugt hatte, knapp über dem Boden.

Mural Sketch (Seagram Mural Sketch), 1959
Öl auf Leinwand, 182,9 x 228,6 cm
Chiba-Ken, Japan, Kawamura Memorial
Museum of Art

In den Monaten, in denen Rothko an den *Seagram Murals* arbeitete, malte er drei Serien von riesigen Wandbildern, insgesamt etwa 40 Arbeiten, für die er – zum ersten Mal seit etwa 20 Jahren – zunächst Skizzen anfertigte. Er verwendete für die Bilder eine warme Farbpalette dunkler Rot- und Brauntöne und brach die horizontale Struktur seiner Bilder auf, indem er sie um neunzig Grad drehte. Auf diese Weise entstanden Arbeiten, die sich auf die Architektur des Raumes beziehen. Die Farbflächen erinnern an architektonische Elemente, an Säulen, Begrenzungen, Tür- oder Fensteröffnungen, die dem Betrachter das Gefühl von Eingesperrtsein vermitteln, dahinter jedoch eine unbetretbare Welt erahnen lassen.

Im Juni 1959 beschloss Rothko, eine Pause einzulegen und die Arbeit an den Wandbildern zu unterbrechen. Er wollte mit seiner Familie auf eine Europareise gehen und mit der „SS. Independence" den Ozean überqueren. Auf dem Schiff lernte Rothko John Fischer kennen, der damals Herausgeber der Zeitschrift *Harper's Bazaar* war. Die beiden Männer freundeten sich an, und im Laufe ihrer Gespräche vertraute Rothko John Fischer an, dass er den Auftrag für die *Seagram Murals* angenommen hätte, weil er sich erhoffte, „etwas zu malen, das jedem miesen Typen, der je in diesem Raum essen sollte, den Appetit verderben würde. Falls das Restaurant sich weigern sollte, meine Wandbilder aufzuhängen, wäre das für mich das größte Kompliment. Aber sie werden das nicht tun. Die Leute können heute alles aushalten." John Fischer schrieb nach Rothkos Tod über diese

***Untitled (Deep Red on Maroon) [Seagram
Mural Sketch],*** 1958
Öl auf Leinwand, 264,8 x 252,1 cm
Chiba-Ken, Japan, Kawamura Memorial
Museum of Art

Begegnung und zitierte ihn mit folgenden Worten: „Ich hasse alle Kunsthistoriker, Experten und Kritiker und misstraue ihnen. Sie sind eine Bande von Parasiten, die sich an der Kunst gütlich tun. Ihre Arbeit ist nicht nur sinnlos, sie ist auch irreführend. Sie haben nichts über Kunst oder den Künstler zu sagen, was sich zu hören oder zu lesen lohnte. Mal abgesehen von persönlichem Klatsch – der manchmal ganz interessant sein könnte – das kann ich dir versichern." Trotz seiner häufig geäußerten Abneigung gegen Kunstkritiker scheint es, als habe Rothko mit seinen polemischen Behauptungen vor allem Eindruck auf den neuen Bekannten machen wollen. Seine Äußerungen zeigen jedoch auch, dass der Maler sich bei den „Dekorationen" für ein Restaurant der Spitzenklasse von Anfang an nicht wohlgefühlt haben muss.

Beide Familien gingen in Neapel an Land und besichtigten Pompeji. Hier habe Rothko, berichtet John Fischer, „eine tiefe Beziehung" zwischen seiner derzeitigen Arbeit und den antiken Wandmalereien in der Villa dei Misteri empfunden. Die Rothkos fuhren weiter nach Rom, Florenz und Venedig. In Florenz suchte er, wie schon auf der Reise von 1950, die von Michelangelo gestaltete Bibliothek in San Lorenzo auf. In einem Gespräch mit Fischer gab er zu, dass das von Michelangelos Wandfassaden im Stiegenaufgang erzeugte Raumgefühl unbewusst die Quelle für die Seagram-Bilder gewesen sei: „Dieser Raum hat genau das Gefühl erzeugt, dass auch ich wollte, er gibt dem Besucher das Gefühl, in einem Raum eingesperrt zu sein, dessen Türen und Fenster zugemauert sind."

Seagram Murals, Rothko Room –
Seven Murals, 1958
Innenansicht
Chiba-Ken, Japan, Kawamura Memorial
Museum of Art

Von Italien reiste die Familie nach Paris, Brüssel, Antwerpen und Amsterdam, und fuhr schließlich von London aus an Bord der „Queen Elizabeth II" zurück in die Vereinigten Staaten.

Nach ihrer Rückkehr aus Europa gingen Rothko und seine Frau Mell zu einem Abendessen in das „Four Seasons"-Restaurant. Rothko war so entsetzt über das prätentiöse Ambiente, dass er auf der Stelle entschied, das Wandbild-Projekt aufzugeben. 1960 verfügte Rothko über ausreichend Geld, um den Vorschuss zurückzuzahlen und die Wandbilder zurückzuziehen. Dem Rückruf der *Murals* wurde in der Presse große Aufmerksamkeit gewidmet. Das ursprüngliche Konzept der Hängung lässt sich heute nicht mehr rekonstruieren. Die *Seagram Murals* sind heute über die ganze Welt verstreut; neun davon gehören der Tate Gallery in London, eine zweite Gruppe befindet sich im Kawamura Memorial Museum in Japan, weitere finden sich in der National Gallery of Art in Washington und in den Sammlungen der Kinder Rothkos.

Einer von Rothkos engsten Freunden aus jener Zeit war der Dichter Stanley Kunitz. Sie trafen sich häufig und diskutierten über die moralischen Dimensionen in Poesie und Malerei. Kunitz sagte einmal: „Im besten Gemälde wie auch in authentischer Poesie ist man sich dessen bewusst, welcher moralische Druck ausgeübt wird; ebenso erkennt man das Bemühen, Einheit in der Vielfalt der Erfahrung zu suchen, Entscheidungen zu treffen, ist dabei wichtig. Moralischer Druck existiert, um richtige oder falsche Entscheidungen zu treffen." Die Freundschaft

Sketch for Mural No. 4 (Orange on Maroon) [Seagram Mural Sketch], 1958
Öl auf Leinwand, 265,8 x 379,4 cm
Chiba-Ken, Japan, Kawamura Memorial Museum of Art

Nachdem der britische Bildhauer Henry Moore 1965 Rothkos Ausstellung in London in der Whitechapel Gallery besucht hatte, soll er laut Dore Ashton gesagt haben, es sei „seine aufschlussreichste Erfahrung in der modernen Malerei seit seiner Entdeckung von Cézanne, Picasso, Matisse und den Kubisten in seinen Jugendjahren" gewesen.
HENRY MOORE, 1965

63

Sketch for Mural No. 1 (Seagram Mural Sketch), 1958
Öl auf Leinwand, 266,7 x 304,8 cm
Chiba-Ken, Japan, Kawamura Memorial Museum of Art

Mural Sketch (Seagram Mural Sketch), 1958
Öl auf Leinwand, 167,6 x 152,4 cm
Chiba-Ken, Japan, Kawamura Memorial Museum of Art

mit dem Dichter Kunitz tat Rothko gut. „Ich empfand eine starke Affinität zwischen seinen Arbeiten und einem gewissen Geheimnis, das in jedem Gedicht lauert", sagte Kunitz einmal.

Zu dieser Zeit wurde Rothko zunehmend bekannter. Museen wie auch private Sammler wollten Werke von ihm kaufen. Zu den Besuchern in seinem Atelier gehörten auch der Sammler Duncan Phillips und dessen Frau Marjorie aus Washington. Phillips organisierte 1957 und 1960 Einzelausstellungen mit Werken Rothkos in seinem Wohnhaus in Washington, das ihm auch als Museum für seine Sammlung diente. 1960 kaufte Phillips von Rothko vier Gemälde, um in dem neuen Erweiterungsbau des Museums einen eigenen Rothko-Raum einrichten zu können. Die Phillips Collection wurde das erste Museum, in dem die Idee verwirklicht wurde, der Rothko in seinem letzten Lebensjahrzehnt nachstrebte: Er wollte eine vollkommene Beherrschung von Raum und Betrachter erreichen, um Letzterem eine unmittelbare, sowohl körperliche als auch geistige Begegnung mit den Bildern zu ermöglichen (Abb. S. 67).

Ein anderes Sammlerpaar, Dominique und John de Menil, große Kunstliebhaber und Förderer aus Houston, Texas, die in der Erdöl verarbeitenden Industrie tätig waren, kam nach New York, um Rothko kennen zu lernen. Ein weiterer Sammler, der ein Gemälde von Rothko kaufte, war David Rockefeller, damals Chef der Chase Manhattan Bank. Rothko war bereits 57 Jahre alt, als die Preise seiner Bilder endlich zu steigen begannen und bis zu $ 40.000 erzielten. Endlich konnten er und seine Frau Mell sich ein Stadthaus leisten.

Rothko fühlte sich sehr geehrt, als er im Januar 1961 eine Einladung vom designierten Präsidenten John F. Kennedy nach Washington erhielt, an dessen Inaugurationsfeier als 41. Präsident der Vereinigten Staaten teilzunehmen. Gemeinsam mit Franz Kline und seiner Freundin Elizabeth Zogbaum nahmen sie den Zug nach Washington, und nach der Inaugurationsfeier waren sie auch auf den abendlichen Ball geladen, wo man ihnen einen Logenplatz neben dem Vater des Präsidenten, Joseph Kennedy, zugewiesen hatte. Im gleichen Jahr veranstaltete das Museum of Modern Art eine bedeutende Rothko-Retrospektive mit 48 Gemälden. Der Kurator dieser Ausstellung hieß Peter Selz, der auch einen Essay für den Katalog schrieb. Darin heißt es, „um den Tod der Zivilisation zu feiern ... erinnern die offenen Rechtecke an die Ränder von Flammen in lodernden Feuern oder sie evozieren die Eingänge zu Grabmälern, etwa die Torwege zu den Ruhestätten der Toten in ägyptischen Pyramiden, hinter denen die Bildhauer die Könige für alle Ewigkeit im Ka ‚lebendig' hielten. Doch im Gegensatz zu den Türen vor den Totenstätten, die die Lebenden von dem Ort der absoluten Macht ausschließen sollten, vor allem vom Tod der Höhergestellten, wagen diese Gemälde – offene Sarkophage – auf fast melancholische Weise, den Betrachter aufzufordern, in ihre orphischen Kreise einzutreten; ihr Thema könnte Tod und Auferstehung in der klassischen, nichtchristlichen Mythologie sein." Rothko besuchte täglich seine Ausstellung im Museum und betrachtete intensiv seine Gemälde. Die Ausstellung wurde ein großer Erfolg. Im Anschluss gab Rothko einige seiner Gemälde in eine Wanderausstellung, die durch London, Amsterdam, Brüssel, Basel, Rom und Paris reiste und später auch in mehreren amerikanischen Museen zu sehen war.

Anfang der 60er Jahre begann der Stern des Abstrakten Expressionismus in Amerika allmählich zu sinken. Junge Künstler wie Andy Warhol, Roy Lichtenstein, Tom Wesselmann, James Rosenquist und andere bezogen sich auf die aus England importierte Pop-Art und entwickelten sie weiter. Die Pop-Art schöpfte

„Die Gemälde von Rothko waren ein Schock. Sie waren so ernst, nicht so wild wie Warhol. Rothkos Haltung im Hinblick auf die Malerei und den Beruf des Malers war für mich besonders eindrucksvoll ... Ich hatte wirklich gemischte Gefühle seinem Werk gegenüber. Es war zugleich heilig und zu dekorativ, obwohl die Malerei offensichtlich einen transzendentalen Atem hatte. Aber sie wurden für dekorative Zwecke genutzt und sahen allzu schön in den Wohnungen der Sammler aus."
GERHARD RICHTER, 1997

aus der Bildwelt der Massenmedien und der Werbung. Mit ihrer provozierenden Hinwendung zum Alltäglichen, zum „Niedrigen" und Profanen wurde sie in Windeseile tatsächlich populär. Die abstrakte Kunst, die bis dahin vorherrschend gewesen war, wirkte plötzlich überanstrengt, hochmütig und elitär. Für manche Abstrakte Expressionisten der New York School war Pop-Art so etwas wie Antikunst. Rothko bezeichnete die Popartisten als „Scharlatane und junge Opportunisten". Für Kritiker bedeutete das Aufkommen der Pop-Art das Ende des Abstrakten Expressionismus, der ihrer Ansicht nach bereits überholt war. 1962 stellte der Kunsthändler Sidney Janis neue Arbeiten von einigen Popkünstlern aus und zeigte auch eine Gruppe von französischen Künstlern wie Yves Klein, Arman und César, die als Nouveaux Réalistes (Neue Realisten) bekannt geworden waren und von dem französischen Kunsthistoriker und Kritiker Pierre Restany angeführt wurden. Daraufhin verließen Rothko, Kline, Motherwell und De Kooning wütend die Galerie. Rothko sagte damals: „Haben diese jungen Künstler es darauf abgesehen, uns umzubringen?"

Zu Beginn der 60er Jahre bekam Rothko wiederum Gelegenheit, mit einem Ensemble von Bildern einen Raum auszustatten. Er hatte mit der Harvard University die Abmachung getroffen, für einen Speisesaal des noch im Bau befindlichen, von dem spanischen Architekten José Luis Sert geplanten Penthouses des Holyoke Centers in Harvard eine Reihe von Wandgemälden zu entwerfen. Sie sollten eine Schenkung des Künstlers sein, wobei sich die Universität das Recht vorbehielt, die Bilder abzulehnen. Rothko fertigte insgesamt 22 Skizzen, nach denen fünf *Murals* entstanden, die dann im Holyoke Center installiert wurden.

The Rothko Room
Phillips Collection, Washington, DC

Five Studies for the Harvard Murals,
um 1958–1960
Tempera auf farbigem Zeichenpapier,
verschiedene Maße
Privatbesitz

Rothko malte ein Triptychon und zwei weitere große Wandbilder, in denen er die portalartige Struktur der *Seagram Murals* aufgriff und weiterentwickelte. Alle Gemälde hatten einen tiefroten Untergrund, der je nach den darüber aufgetragenen Farbschichten in Helligkeit und Farbton variierte.

Als Rothko die *Murals* vollendet hatte, kam der damalige Harvard-Präsident Nathan Pusey, der sehr wenig von zeitgenössischer Kunst verstand, in Rothkos New Yorker Atelier, um sich die Arbeiten anzuschauen und sie abzusegnen. Der Künstler begrüßte ihn in seinem Atelier mit einem Glas Whiskey, und nachdem sie sich eine Weile unterhalten hatten, erwartete Rothko sein Urteil. Nach einer Weile des Zögerns antwortete der Harvard-Präsident, ein Methodist aus dem mittleren Westen, er empfände die Arbeiten als „sehr traurig". Rothko erklärte, dass die düstere Stimmung des Triptychons das Leiden Christi am Karfreitag vermitteln solle, die beiden etwas helleren großen Gemälde verwiesen auf Ostern und die Auferstehung. Mr. Pusey war von Rothkos Erklärung sehr angetan und beeindruckt. Sie zeige, dass der Maler auch ein Philosoph war, der eine universelle Botschaft und Vision hatte. Er kehrte nach Cambridge zurück und empfahl dem Vorstand, die Gemälde anzunehmen, die im Januar 1963 unter Aufsicht des Künstlers gehängt wurden. Als der Speisesaal kurze Zeit später umgestaltet wurde, waren die *Murals* vom 9. April bis zum 2. Juni in einer Ausstellung im Guggenheim-Museum in New York zu sehen. Nach dem Ende der Ausstellung fuhr Rothko noch einmal nach Harvard, um die erneute Anbringung seiner Werke zu überwachen. Die Einrichtung und vor allem die Lichtverhältnisse im Speisesaal waren Rothko ein Dorn im Auge. Mit eher mäßigem Erfolg versuchte man, das einfallende Tageslicht durch Fiberglasvorhänge zu dämpfen. Als die Arbeiten Anfang 1964 endgültig abgeschlossen waren, war Rothko noch immer „sehr unzufrieden mit dem Ganzen". Durch die Sonneneinstrahlung verblasste die rote Farbe mit den Jahren so weit, dass der ursprüngliche Zustand der Gemälde nur noch mit Hilfe von Dias rekonstruiert werden kann. 1979 wurden die durch Sonnenlicht und Kratzer stark beschädigten Werke abgenommen und in einem dunklen Raum gelagert.

Am 31. August 1963, als Rothko fast 60 Jahre alt war und seine Frau Mell bereits 41, kam der Sohn Christopher Hall zur Welt. Im selben Jahr unterzeichnete Rothko auf Anraten seines Steuer- und Finanzberaters Bernard J. Reis einen Vertrag mit Frank Lloyd, dem Besitzer der Marlborough Gallery in New York. Er sicherte ihm die Exklusivrechte an seinen Arbeiten außerhalb der Vereinigten Staaten für einen Zeitraum von fünf Jahren zu. Die aufstrebende, erfolgversprechende Galerie wollte ihn in Europa vertreten, während Rothko selbst seine Bilder weiter von seinem New Yorker Atelier aus verkaufte. Was als scheinbar lu-

„Mit der öffentlichen Anerkennung, die ihm allmählich zuteil wurde, ging für Mark der Verlust an Kontrolle einher. Immer mehr Sammler, Kuratoren und Museumsdirektoren wollten ihn treffen, sein Atelier besuchen und Bilder erwerben. Er fühlte sich unsicher und gehemmt. Wenn ich eines seiner Bilder kaufte, wusste er, dass es mir etwas bedeutete – war ich nicht ‚verrückt'? Doch die neuen Sammler waren ihm ein Rätsel; nie wusste er, ob ihnen das Werk tatsächlich gefiel, oder ob sie nichts weiter als einen ‚neuen Rothko' wollten, eine weitere Feder an ihrem Hut."
BEN HELLER, 2001

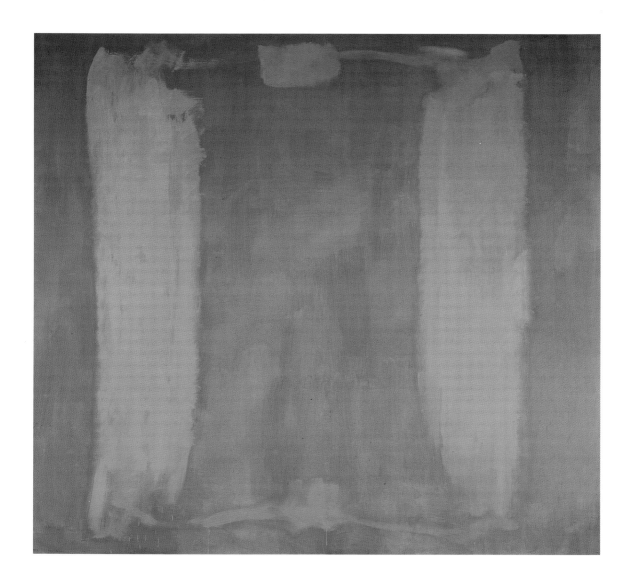

krative Geschäftsbeziehung begann, sollte sich nach Rothkos Tod als einer der größten Kunstskandale des 20. Jahrhunderts herausstellen, zu dem Doppelverkäufe, Täuschung, Verrat, Betrug, Habgier und Vertuschung gehörten. Die Betrugsaktion, die bereits zu Rothkos Lebzeiten betrieben wurde, kam erst nach seinem Tod ans Licht. Rothko hatte lange Zeit nicht gewusst, dass Reis zugleich der Steuerberater der Marlborough Gallery war und so ein doppeltes Spiel treiben konnte.

Panel One (Harvard Mural Triptych), 1962
Öl auf Leinwand, 267,3 x 297,8 cm
Harvard, Fogg Art Museum, Harvard University
Art Museums, Geschenk des Künstlers

No. 8 (White Stripe), 1958
Öl auf Leinwand, 207 x 232,4 cm
Privatbesitz

RECHTS:
No. 207 (Red over Dark Blue on Dark Gray), 1961
Öl auf Leinwand, 235,6 x 206,1 cm
University of California, Berkeley Art Museum, Geschenk des Künstlers

Die *Rothko Chapel* und der *Rothko Room* in der Tate Gallery

Das Sammlerpaar John und Dominique de Menil aus Houston war von Rothkos Malerei stark beeindruckt, vor allem von seinen *Harvard Murals* (Abb. S. 68/69) und den Wandgemälden für das Seagram Building (Abb. S. 60–65), die sie in seinem Atelier gesehen hatten. Anfang 1965 gaben sie bei Rothko für eine Summe von insgesamt $ 250.000 mehrere große Wandgemälde in Auftrag. Sie waren für eine Kapelle gedacht, die die de Menils in der St. Thomas Catholic University in Houston zu bauen beabsichtigten. Dominique de Menil leitete die dortige Kunstabteilung. Rothko war höchst erfreut über diesen Auftrag. In einem Brief mit Neujahrsgrüßen für das Jahr 1966 schrieb Rothko an die de Menils: „Die Großartigkeit auf jeder Ebene der Erfahrung und der Bedeutung dieser Aufgabe, die Sie mir übertragen haben, übersteigt alle meine ursprünglichen Vorstellungen und lehrt mich, über mich selbst hinauszuwachsen, über das hinaus, was ich für mich für möglich gehalten habe. Dafür danke ich Ihnen."

Als Rothko im Herbst 1964 an den Gemälden für Houston zu arbeiten begann, war er gerade in sein neues – und zugleich letztes – Atelier in der 157 East 69th Street umgezogen. Er stattete den großen Raum mit Flaschenzügen und fallschirmartigen Stoffbahnen aus, mit denen er das Licht regulieren konnte. Das Atelier war ein ehemaliges Kutschenhaus mit einer zentralen Kuppel, durch die das Tageslicht einfiel. Der Raum war 15 Meter hoch und Rothko zog provisorische Zwischenwände mit den Maßen der sechs Wände ein, die er in der geplanten Kapelle vorfinden würde. Den ganzen Herbst verwandte Rothko auf die Arbeit an diesem Projekt und beschäftigte sich bis in das Jahr 1967 hinein fast ausschließlich damit. Freunden sagte er, dass es seine wichtigste künstlerische Aussage beinhalten würde. Man hatte Rothko das Recht zugestanden, auch bei der architektonischen Ausführung mitzuwirken. Er schlug einen achteckigen Grundriss vor, ähnlich einer Taufkapelle, so dass der Betrachter ganz von den Gemälden eingeschlossen sein würde. Das Licht sollte wie in seinem Atelier von oben durch eine Kuppel einfallen und durch Stoffbahnen gefiltert werden. Außerdem bestand Rothko auf einem schlichten, unauffälligen Bau, der seine Bilder in den Vordergrund stellen würde. Als Architekt war ursprünglich Philip Johnson ausgewählt worden, der 1967 auf Drängen Rothkos zurücktrat, weil sich Johnson und Rothko über die Raumgestaltung nicht einig werden konnten. Als neue Architekten bestellte man Howard Barnstone und Eugene Aubry aus Houston, die sich ganz nach Rothkos Vorstellungen richteten.

Untitled, 1969
Öl auf Papier auf Leinwand, 178,4 x 109,2 cm
Courtesy James Goodman Gallery, New York

Rothko Chapel, Houston, Texas
Außenansicht mit der Skulptur
Broken Obelisk von Barnett Newman

Für die großen Wandgemälde wählte Rothko eine dunkle Farbpalette. Mehrere Assistenten, auf deren Hilfe Rothko körperlich angewiesen war, zogen Baumwollsegelleinen auf die vorbereiteten Keilrahmen auf. Rothko wollte eine sehr wässrige Ölfarbe, so dass sie mit Terpentin stark verdünnt werden musste. Seine Assistenten trugen unter Rothkos Aufsicht möglichst zügig kastanienbraune Farbe auf die großen Flächen auf. Es entstanden insgesamt 14 großformatige Arbeiten, drei Triptychen und fünf einzelne Gemälde, dazu eine Vielzahl von Skizzen und Vorstudien. Die Hälfte der Gemälde für Houston beließ Rothko zum ersten Mal als monochrome Bilder. In die anderen Arbeiten fügte er schwarze Vierecke ein, deren scharfe Begrenzungen eine weitere Neuerung in seinem Werk darstellten. Er verzichtete erstmals auf die verführerische Wirkung seiner „Farbwolken" mit ihren zarten, verschwommenen Begrenzungen. An der zentralen Wand der Kapelle wurde ein monochromes Triptychon in einem weichen Braunton angebracht. Die beiden Triptychen zur Rechten und zur Linken füllten Vierecke in opakem Schwarz. Vier einzelne Gemälde wurden zwischen den drei Triptychen platziert und ein weiteres Gemälde befand sich direkt gegenüber dem zentralen Triptychon. Während der Arbeit an den Wandbildern für Houston bat Rothko häufig Freunde zu sich ins Atelier, um ihre Meinung zu hören. Offensichtlich war er noch unsicher über den neuen Weg, da die Bilder hermetischer waren als alles, was er bisher geschaffen hatte. Ende 1967 waren die Wandgemälde fertig gestellt.

In seinen letzten beiden Lebensjahren befasste sich Rothko weiter mit der Erkundung dunkler Farben. Die *Black on Gray*-Gemälde von 1969–70 (Abb. S. 17, 90) und die großformatigen *Brown on Gray*-Arbeiten auf Papier (Abb. S. 89) nehmen die düstere Stimmung der Wandbilder der Kapelle auf und halten ebenso wie diese den Betrachter auf Distanz. Sie besitzen jedoch – etwas ganz Neues für Rothko – nicht die meditative Aura dieser Wandbilder; ihre grauen Bereiche weisen eine Bewegung auf, wie man sie in Rothkos Werk seit über 20 Jahren nicht mehr gesehen hat. Und wenn es auch verlockend ist, diese düsteren Werke als Ausdruck von Rothkos schwerer Depression zu interpretieren, so muss man doch auch sehen, dass er in seinen letzten Monaten großformatige Papierarbeiten in pastelligem Blau, Pink und Terracotta auf weiß malte (Abb. S. 84).

1969 erwarben die de Menils die Skulptur *Broken Obelisk* (*Zerbrochener Obelisk*) von Barnett Newman und ließen sie in dem spiegelnden Wasserbecken genüber der Rothko-Kapelle aufstellen (Abb. S. 72). Die Skulptur war dem Andenken an den ein Jahr zuvor ermordeten Martin Luther King gewidmet. Wie Rothko starb auch Newman im Jahr 1970 – beide konnten die Einweihung der Kapelle nicht mehr erleben. Am 26. Februar 1971, ein Jahr nach dem tragischen Tod Rothkos, wurde die ökumenische Kapelle geweiht. Es waren katholische, jüdische, buddhistische, muslimische, protestantische und griechisch-orthodoxe Religionsführer anwesend; aus Rom war ein Kardinal angereist.

In ihrer Ansprache sagte Dominique de Menil: „Ich denke, die Gemälde sagen uns selbst, was wir von ihnen halten sollen, wenn wir ihnen eine Chance geben. Jedes Kunstwerk schafft das Klima, in dem es verstanden werden kann … Auf den ersten Blick sind wir vielleicht enttäuscht darüber, dass es den uns umgebenden Gemälden ein wenig an Glamour fehlt. Je länger ich mit ihnen lebe, desto beeindruckter bin ich. Rothko wollte seinen Gemälden die größtmögliche Eindringlichkeit verleihen, die er ihnen abringen konnte. Er wollte, dass sie intim und zeitlos sind. Und sie sind tatsächlich intim und zeitlos. Sie umfangen uns, ohne uns einzuschließen. Ihre dunklen Oberflächen lassen den Blick nicht erstarren. Eine helle Oberfläche ist aktiv, sie bringt das Auge zum Stillstand. Aber durch diese Rot-Braun-Töne können wir hindurchblicken, blicken wir ins Un-

Rothko Chapel, Houston, Innenansicht

endliche. Wir werden mit Bildern überschüttet, und nur die abstrakte Kunst kann uns an die Schwelle zum Göttlichen führen. Es erforderte großen Mut von Rothko, so nachtschwarze Bilder zu malen. Doch ich empfinde gerade das als seine Größe. Maler werden nur durch Mut und Eigensinn groß. Denken Sie an Rembrandt, an Goya. Denken Sie an Cézanne … Diese Gemälde sind vielleicht das Schönste, was Rothko geschaffen hat." Die dunklen Wandbilder in der fensterlosen Kapelle scheinen die Melancholie und Einsamkeit widerzuspiegeln, die Rothko in seinen letzten Jahren zunehmend empfand. Die Kunsthistorikerin Barbara Rose verglich die Kapelle mit Michelangelos Sixtinischer Kapelle in Rom und der Matisse-Kapelle in Südfrankreich: „Die Gemälde scheinen auf mysteriöse Weise von innen zu glühen", sagte sie.

Im Sommer 1966 unternahmen die Rothkos ihre dritte und letzte Europareise, auf der sie Lissabon, Mallorca, Rom, Spoleto und Assisi besichtigten. Von Italien aus reisten sie weiter nach Frankreich, Holland, Belgien und England. Die letzte Station auf ihrer Reise war ein Besuch der Londoner Tate Gallery. Seit Monaten stand Rothko mit dem Direktor der Tate, Sir Norman Reid, in Verhandlungen. Reid hatte den Maler in New York besucht und ihm vorgeschlagen, einen permanenten Rothko-Raum in der Tate Gallery einzurichten. Rothko verwarf den Vorschlag, eine „repräsentative" Gruppe seiner Gemälde auszustellen. Stattdessen schlug er Reid vor, ihm eine Gruppe der *Seagram Murals* zu überlassen. Die Verhandlungen erstreckten sich aufgrund von Missverständnissen und wegen Rothkos zögerlicher Haltung über mehrere Jahre. Gleichwohl gefielen ihm die Größe des Raums wie auch das Licht. Zurück in New York, schrieb Rothko im August 1966 Reid: „Mir scheint, der Kern des Problems, zumindest zum

Rothkos Tod und Vermächtnis

Am 25. Februar 1970, es war ein kalter Mittwoch, erschien Rothkos Assistent Oliver Steindecker wie immer um neun Uhr zur Arbeit. Mit seinem Schlüssel öffnete er die Tür zum Atelier an der 69th Straße auf Manhattans East Side. Er rief sein „Guten Morgen", wie er es jeden Tag tat, aber an diesem Morgen erhielt er keine Antwort. Steindecker ging auf Rothkos Bett zu, doch es war leer. Er schaute überall herum und kam schließlich in den Trakt mit Bad und Küche, wo er Rothko neben dem Waschbecken auf dem Fußboden liegend fand, blutüberströmt, beide Arme aufgeschlitzt, eine Rasierklinge neben sich. Er rief die Polizei, die wenige Minuten später eintraf. Der Notarzt konnte nur noch den Tod feststellen, der später als Selbstmord diagnostiziert wurde. Die Autopsie ergab neben den tiefen Schnittwunden eine akute Vergiftung durch Antidepressiva. Rothko war 66 Jahre alt.

Am nächsten Morgen brachten die *New York Times* und alle anderen New Yorker Tageszeitungen auf der Titelseite die traurige Nachricht vom Selbstmord des „Pioniers des Abstrakten Expressionismus, der als einer der bedeutendsten Künstler seiner Generation angesehen wird". Für einige von Rothkos engsten Freunden war sein Selbstmord keine völlige Überraschung. Er schien zuletzt seine Inspiration und Leidenschaft verloren zu haben. Seine letzten Arbeiten malte er mit matten Acrylfarben auf Papier und Leinwand; sie waren streng, dunkel und hermetisch und schienen aller sinnlichen Kraft beraubt, die dem Betrachter einen lebendigen Dialog mit dem Bild ermöglicht hatte. Die Bilder scheinen Rothkos Innerstes widerzuspiegeln: Er war mutlos, depressiv, frustriert, melancholisch und einsam.

Seine Freunde fühlten sich an den Selbstmord des Künstlers Arshile Gorky im Jahr 1948 erinnert, sie dachten auch an den tragischen Tod von Jackson Pollock und David Smith bei Autounfällen. Der Selbstmord sah für einige seiner engsten Freunde wie eine Art rituelles Opfer aus. Rothko hinterließ keinen Brief, in dem er seine Tat erklärte. Es kamen sogar Gerüchte eines Gewaltverbrechens in Umlauf, aber sie hatten keinerlei Grundlage. Rothkos Tochter Kate war 19 Jahre alt, als der Vater starb, ihr Bruder Christopher erst sechs Jahre. Am 28. Februar füllten Künstler, Sammler, Kunsthändler, Museumsdirektoren, Kuratoren und andere Freunde die Frank E. Campbell-Begräbnishalle. Rothkos Brüder Albert und Moise waren aus Kalifornien eingeflogen. Der Dichter Stanley Kunitz hielt die Grabrede: Rothko, sagte er, war „einer der Väter der amerikanischen Malerei des 20. Jahrhunderts, dessen Nachfolge bereits an den Wänden aller Museen für zeit-

Untitled, 1969
Acryl auf Papier auf Leinwand,
147 x 103 cm
Privatbesitz

Untitled, 1969
Acryl auf Papier auf Karton,
122 x 103 cm
Privatbesitz

Green Divided by Blue, 1968
Acryl auf Papier auf Leinwand,
60,6 x 45, 1 cm

genössische Kunst sichtbar ist. Es mag andere geben, die Gemälde produzieren, die den seinen ähneln, aber die transzendentale Qualität seiner Malerei, seine Wirkung eines pulsierenden spirituellen Lebens, einer bevorstehenden Epiphanie, war ein Geheimnis, das andere nicht mit ihm gemeinsam hatten, und das er vielleicht selbst nur teilweise verstand ... All dieses und mehr wird von Rothko bleiben – in einer Vielzahl von Werken mit einer blühenden Präsenz, in einer glanzvollen Reihe von Transformationen. Nicht alle Korruption dieser Welt kann die kostbaren Farben hinwegwaschen."

Der Bildhauer Herbert Ferber redete über ihre langjährige Freundschaft. Am Ende des Begräbnisses sprachen Rothkos Brüder den Kaddisch, das jüdische Totengebet. Viele Menschen, die an dem Begräbnis teilgenommen hatten, blieben auf dem Gehweg der Madison Avenue stehen, um über Rothko und seine ungewöhnliche Karriere zu sprechen und ihrer Betroffenheit Ausdruck zu geben.

Nur ein halbes Jahr später, am 26. August 1970, starb Mell Rothko im Alter von 48 Jahren. Es war für ihre Kinder und ihre Freunde ein schwerer Schock. Christopher, Rothkos junger Sohn, wurde von Dr. Levine, einem der Nachlassverwalter, adoptiert. Seine sehr viel ältere Schwester Kate war unglücklich über die strenge und harte Behandlung, die man ihrem kleinen Bruder dort zukommen ließ. Sie holte ihn nach kurzer Zeit wieder ab und brachte ihn zu ihrer Tante, Mells Schwester Barbara Northrup, die in Columbus, Ohio, wohnte.

In seinem Testament hatte Rothko den Anthropologen Morton Levine, den Künstler Theodoros Stamos und Bernard J. Reis als seine Nachlassverwalter benannt. Mehrere Monate nach Rothkos Begräbnis kamen Levine, Stamos und Reis, die er zu Testamentsvollstreckern bestimmt hatte, zusammen und durchforsteten auf Veranlassung von Bernard Reis den gesamten Bestand von nahezu 800 Gemälden. Reis, der sich als Rothkos „Freund" bezeichnet hatte, zeigte nun sein wahres Gesicht als Doppelagent, der einerseits Rothko beraten und ihm andererseits verschwiegen hatte, dass er auch Steuerberater von Marlborough und Agent der Galerie war. Reis und die anderen Verfügungsberechtigten verkauften eine große Zahl von Gemälden an Marlborough zu einem Bruchteil ihres wahren Wertes, wobei nur eine Anzahlung geleistet wurde und der Rest im Laufe von vierzehn Jahren ohne Zinsen gezahlt werden sollte.

Rothkos Tochter Kate kam dem Schwindel auf die Spur und beschloss, die Nachlassverwalter und die Marlborough Gallery vor Gericht zu bringen. Der Prozess dauerte mehrere Jahre und wurde zu einem der größten Skandale in der Kunstwelt; eine Betrugsaffäre von größeren Ausmaßen hatte es bis dahin noch nicht gegeben. Am 18. Dezember 1975 verlas Richter M. Middonick seine Entscheidung: Die drei Nachlassverwalter wurden ihrer Posten enthoben, und der Vertrag mit der Marlborough Gallery wurde für nichtig erklärt. Er ordnete die Rückgabe von 658 unverkauften Gemälden an, die dem Rothko-Nachlass gehörten, sowie Schadensersatzzahlungen in Höhe von über neun Millionen Dollar.

Das Gericht setzte schließlich Kate Rothko-Prizel als einzige Verwalterin des Nachlasses ihres Vaters ein. Sie entschied sich für die Pace Gallery in New York mit ihrem Direktor Arne Glimcher, um den Nachlass ihres Vaters exklusiv zu vertreten. Die erste Rothko-Ausstellung in der Pace Gallery fand im Jahr 1978 statt, zeitgleich mit der Rothko-Retrospektive im Guggenheim Museum in New York, die über 100 Gemälde präsentierte. Im Mai 1976 waren bereits sieben neue Direktoren für die neue Rothko-Stiftung gewählt worden, darunter Dorothy C. Miller vom Museum of Modern Art und Thomas Messer, der Direktor des Guggenheim Museums. In der Zwischenzeit gab die Rothko Foundation mehr als 600 Gemälde an 25 Museen in den Vereinigten Staaten, an vier in Europa und an

OBEN:
Untitled, 1967
Öl auf Leinwand, 173 x 153 cm
Privatbesitz

RECHTS:
Untitled, 1969
Acryl auf Papier auf Leinwand,
193 x 122 cm

Untitled (Black on Gray), 1969/70
Acryl auf Leinwand, 203,8 x 175,6 cm
New York, Solomon R. Guggenheim Museum,
Gift of The Mark Rothko Foundation, Inc., 1986

 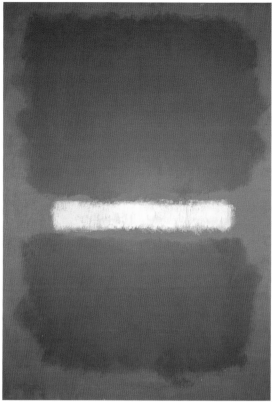

zwei in Israel. Außerdem unterstützt sie mittellose Künstler, wie es Rothkos ursprünglicher Wunsch gewesen war.

Mark Rothko gilt als einer der bedeutendsten Maler der Nachkriegsmoderne. Seine radikale Weigerung, in der Kunst die Natur nachzuahmen, führte zu einer Reduktion der Malerei auf große Farbflächen. Mit seinen Werken gewann er entscheidenden Einfluss auf die Entwicklung der monochromen Malerei. Einzigartig sind die räumliche Tiefe und meditative Kraft seiner Bilder, die den Betrachter gleichsam einen Dialog mit dem Werk führen lassen. „Man musste sich in das Werk hineinbegeben und [...] in seinem Inneren umhergehen", schreibt der Sammler Ben Heller. Die Begegnung mit Rothkos Malerei bezeichnet er als die „direkteste Bilderfahrung", die er je gemacht habe. Heller hat das Wesen der Malerei Rothkos einfühlsam charakterisiert: „Wie konnte er mit einer derart kleinen Anzahl von Variationen Gespräche zwischen Bild und Betrachter in Gang setzen, die so persönlich, direkt und intim wie Kammermusik waren? Wie konnte er mit diesen wenigen Kombinationen einer Palette aus heißen und kalten, hellen und dunklen, glänzenden und stumpfen, strahlenden und dumpfen, jauchzenden und betrübten, ruhigen und leidenschaftlichen Farben Gefühle entlocken, mit denen sich die Breite, Vielfalt, Dramatik, Tiefe und Spannweite der von ihm heiß geliebten symphonischen Musik wiedergeben ließ? Wer kann solche Fragen beantworten? Nur die Bilder selbst – und jeder Betrachter."

Untitled, 1968
Öl auf Papier auf Leinwand, 75,7 x 55 cm
Basel, Galerie Beyeler

Untitled, 1968
Öl auf Papier auf Leinwand, 91,5 x 64,8 cm
Privatbesitz

„Und müsste ich mein Vertrauen in irgendetwas setzen, würde ich es in die Psyche des einfühlsamen Betrachters legen, der frei von konventionellen Denkmustern ist. Ich wüsste nichts vom Gebrauch, den er von Bildern für die Bedürfnisse seines eigenen Geistes machen würde. Wenn beides – Bedürfnis und Geist – vorhanden sind, dann besteht Gewähr für wahren Austausch."
MARK ROTHKO, 1954

Mark Rothko 1903–1970
Chronologie

1903 Marcus Rothkowitz wird am 25. September in Dwinsk, Russland, als Sohn von Anna Goldin und Jacob Rothkowitz geboren. Er ist das jüngste von vier Kindern.

1910 Der Vater emigriert in die Vereinigten Staaten und lässt sich in Portland in Oregon nieder.

1913 Marcus, seine Mutter und seine Schwester emigrieren in die Vereinigten Staaten. Die Familie ist wieder vereinigt.

1914 Der Vater stirbt.

1921–23 Mark besucht die Yale University in New Haven, Connecticut.

1924 Er besucht Anatomiekurse bei George Bridgeman am Art Students' League (ASL) in New York.

1925 Studiert Malerei bei Max Weber am ASL. Malt auf Leinwand und Papier im expressionistischen Stil, beeinflusst von Weber. Er malt kein Bild ohne Skizzen und Vorzeichnungen.

1926 Setzt sein Studium bei Weber fort.

1929 Beginnt an der Jewish Center Academy in Brooklyn, Kinder zu unterrichten.

1932 Beginn der Freundschaft zu Milton Avery und Adolph Gottlieb. Heirat mit Edith Sachar.

1933 Erste Einzelausstellung im Portland Museum of Art in Oregon. Er stellt Zeichnungen und Aquarelle in der Center Academy neben Arbeiten seiner Schüler aus.

1935 Mitbegründer der unabhängigen Kunstgruppe „The Ten". Zu ihren Mitgliedern gehören Ben Zion, Ilya

Mark Rothko mit dem italienischen Maler Carlo Battaglia in Rom, 1966
Rechts: Mell und Christopher Rothko
Courtesy Carla Panicali, Rom

Seite 93 oben:
Mark Rothko in seinem Atelier, um 1950
Courtesy Archives of American Art,
Smithsonian Institute, Washington, DC

Seite 93 unten links:
Mark Rothko in seinem Atelier, 1953
Courtesy Archives of American Art,
Smithsonian Institute, Washington, DC
Foto: Henry Elkan

Seite 93 unten rechts:
Mark Rothko, 1966
Courtesy Carla Panicali, Rom;
Foto: Robert E. Mates

Bolotowsky, Adolph Gottlieb, Louis Harris, Jack Kufeld, Louis Schanker, Joseph Solmon und Nahum Tschacbasov. Rothko stellt ausschließlich mit „The Ten" aus, bis die Gruppe sich im Jahr 1940 auflöst.

1936 Bekommt eine Anstellung in der Abteilung für Staffeleimalerei bei der WPA in New York.

1938 Wird Bürger der Vereinigten Staaten von Amerika.

1940 Verwendet von jetzt an den Künstlernamen „Mark Rothko".

1941 Malt Motive aus der Mythologie auf Leinwand und Papier.

1944 Arbeiten im abstrakten surrealistischen Stil. Produziert zahlreiche Werke auf Papier mit Aquarellfarben, Gouache, Tusche und Tempera. Scheidung von Edith Sachar.

1945 Heiratet Mary Alice Beistle (genannt Mell).

1946 Letzte surrealistische Arbeiten auf Papier.

1947 Die Abstraktion schreitet voran. Es entstehen die *Multiforms*, die sich

im Laufe weniger Monate zu den charakteristischen rechteckigen Farbformationen entwickeln. In dieser Übergangsphase malt er weniger Arbeiten auf Papier. Erste Einzelausstellung in der Betty Parsons Gallery.

1948 Nimmt an der Jahresausstellung „Contemporary American Sculpture, Watercolors and Drawings" am Whitney Museum of American Art in New York teil. Im Herbst stirbt die Mutter Kate.

1949 Unterrichtet Malerei und hält Vorlesungen über zeitgenössische Kunst an der California School of Fine Arts. Erste Ausstellung der reifen Bilder bei Betty Parsons. Bezeichnet von nun an seine Bilder nur noch mit Nummer und Jahr.

1950 Schiffsreise nach Europa und Besuch in England, Frankreich und Italien. Eine Tochter kommt zur Welt.

1951 Erhält eine Professur in der Abteilung für Zeichnung am Brooklyn College.

1952 Teilnahme an der Ausstellung „Fifteen Americans" im Museum of Modern Art.

1954 Stellt am Art Institute of Chicago aus. Die Ausstellung wird auch an der Rhode Island School of Design in Providence gezeigt. Vertrag mit der Sidney Janis Gallery in New York.

1955 Einzelausstellung bei Sidney Janis.

1957 Wird Artist-in-Residence an der Tulane University in New Orleans.

OBEN LINKS:
Rothkos Frau Mell mit Sohn Christopher und Tochter Kate, 1966
Courtesy Carla Panicali, Rom

OBEN RECHTS:
Mark Rothko mit Mell und Christopher in Rom, 1966
Courtesy Carla Panicali, Rom

UNTEN:
Mark Rothko im New Yorker Atelier, 1952
Courtesy Archives of American Art, Smithsonian Institute, Washington, DC

Reduziert seine Palette auf dunklere Farben.

1958 Erhält den Auftrag, Wandbilder für das Seagram Building in New York zu malen.

1959 Reist erneut nach Europa und besucht England, Frankreich, Belgien, die Niederlande und Italien. Besichtigt zurück in New York erneut den Raum, der für die Wandbilder im Seagram Building vorgesehen ist. Rothko gibt den Auftrag zurück.

1961 Erhält einen Auftrag von der Harvard University, einen Speisesaal im Holyoke Center mit Wandgemälden auszustatten.

1963 Schickt sechs *Murals* nach Harvard. Rothko wird von der Universität gebeten, fünf Bilder für die ständige Installation auszuwählen. Geburt seines Sohnes Christopher. Vertrag mit der Marlborough Gallery in New York.

1964 Erhält Auftrag von John und Dominique de Menil, monumentale Wandbilder für eine neu zu errichtende Kapelle in Houston zu malen.

1965 Beginnt Gespräche mit Sir Norman Reid, dem Direktor der Tate Gallery, über Schenkungen an das Museum. 1970 werden schließlich neun der *Seagram Murals* dauerhaft in einem Raum in der Tate Gallery in London installiert.

1966 Reist zum dritten und letzten Mal nach Europa.

1967 Lehrt an der University of California in Berkeley.

1968 Leidet an einem Aneurysma an der Aorta; kommt für drei Wochen ins Krankenhaus. Beginnt mit der Katalogisierung seines Werkes.

1969 Trennt sich von Mell, zieht aus dem gemeinsamen Haus aus und richtet sich in seinem Atelier ein. Beginn der Arbeit an den „dunklen Gemälden". Erhält die Ehrendoktorwürde der Yale University.

1970 Rothko stirbt am 25. Februar in New York durch Selbstmord.

1971 Einweihung der Rothko-Kapelle in Houston, Texas. Das Gebäude gehört dem Institut für Religion und Humanentwicklung der Rice University.